LEFT-HAND GUITAR CHORDS MADE EASY

by William Bay

MB22100

LARGE PRINT EDITION

© 2005, 2010 BY MEL BAY PUBLICATIONS, INC., PACIFIC, MO 63069.
ALL RIGHTS RESERVED. INTERNATIONAL COPYRIGHT SECURED. B.M.I.
MADE AND PRINTED IN U.S.A.

No part of this publication may be reproduced in whole or in part, or stored in a retrieval system, or transmitted in any form or by any means, electronic, mechanical, photocopy, recording, or otherwise, without written permission of the publisher.

Visit us on the Web at www.melbay.com or billsmusicshelf.com

Table of Contents

How to Read Chord Diagrams 4

Major
C, G & D 5
A, E & B 6
G♭/F♯, D♭ & A♭ 7
E♭, B♭ & F 8

Minor
Cm, Gm & Dm 9
Am, Em & Bm 10
G♭m/F♯m, D♭m & A♭m 11
E♭m, B♭m & Fm 12

Seventh
C7, G7 & D7 13
A7, E7 & B7 14
G♭7/F♯7, D♭7 & A♭7 15
E♭7, B♭7 & F7 16

Major Seventh
Cmaj7, Gmaj7 & Dmaj7 17
Amaj7, Emaj7 & Bmaj7 18
G♭maj7/F♯maj7, D♭maj7 & A♭maj7 19
E♭maj7, B♭maj7 & Fmaj7 20

Major Sixth
C6, G6 & D6 21
A6, E6 & B6 22
G♭6/F♯6, D♭6 & A♭6 23
E♭6, B♭6 & F6 24

Minor Seventh
Cm7, Gm7 & Dm7 25
Am7, Em7 & Bm7 26
G♭m7/F♯m7, D♭m7 & A♭m7 27
E♭m7, B♭m7 & Fm7 28

Minor Sixth
Cm6, Gm6 & Dm6 29
Am6, Em6 & Bm6 30
G♭m6/F♯m6, D♭m6 & A♭m6 31
E♭m6, B♭m6 & Fm6 32

Seven Suspended Fourth
C7sus, G7sus & D7sus 33
A7sus, E7sus & B7sus 34
G♭7sus/F♯7sus, D♭7sus & A♭7sus 35
E♭7sus, B♭7sus & F7sus 36

Diminished #1
C°, E♭°, G♭°, A°, D♭°, E°, G°, B♭°,
   D°, F°, A♭° & B° 37

Diminished #2
C°, E♭°, G♭°, A°, D♭°, E°, G°, B♭°,
   D°, F°, A♭° & B° 38

Augmented
C+, E+, A♭+, D♭+, F+, A+, D+,
   G♭+/F♯+, B♭+, E♭+, G+ & B+ 39

Major Minor Seven
Cma-mi7, Gma-mi7 & Dma-mi7 40
Ama-mi7, Ema-mi7 & Bma-mi7 41
G♭ma-mi7/F♯ma-mi7, D♭ma-mi7
   & A♭ma-mi7 42
E♭ma-mi7, B♭ma-mi7 & Fma-mi7 43

Seven Sharp Five
C7♯5, G7♯5 & D7♯5 44
A7♯5, E7♯5 & B7♯5 45
G♭7♯5/F♯7♯5, D♭7♯5 & A♭7♯5 46
E♭7♯5, B♭7♯5 & F7♯5 47

Seven Flat Five
C7♭5, G♭7♭5 & D7♭5 48
A7♭5, E7♭5 & B7♭5 49
G♭7♭5/F♯7♭5, D♭7♭5 & A♭7♭5 50
E♭7♭5, B♭7♭5 & F7♭5 51

Table of Contents

Minor Seven Flat Five
Cm7b5, Gm7b5 & Dm7b5 52
Am7b5, Em7b5 & Bm7b5......................53
Gbm7b5/F#m7b5, Dbm7b5 & Abm7b5....54
Ebm7b5, Dbm7b5 & Fm7b5......................55

Ninth
C9, G9 & D9 56
A9, E9 & B9..57
Gb9/F#9, Db9 & Ab9..............................58
Eb9, Bb9 & F9 59

Seven Flat Nine
C7b9, G7b9 & D7b9 60
A7b9, E7b9 & B7b9 61
Gb7b9/F#7b9, Db7b9 & Ab7b9................62
Eb7b9, Bb7b9 & F7b9..............................63

Seven Sharp Nine
C7#9, G7#9, D7#9 & A7#9 64
E7#9, B7#9, Gb7#9/F#7#9 & Db7#9......65
A7#9, Eb7#9, Bb7#9 & F7#9 66

Six Nine
C69, G69, D69 & A69 67
E69, B69, Gb69/F#69 & Db69 68
Ab69, Eb69, Bb69 & F69 69

Major Ninth
Cma9, Gma9, Dma9 & Ama9 70
Ema9, Bma9, Gbma9/F#ma9
    & Dbma9 71
Abma9, Ebma9, Dbma9 & Fma9 72

Minor Ninth
Cm9, Gm9, Dm9 & Am9......................73
Em9, Bm9, Gbm9/F#m9 & Dbm9 74
Abm9, Ebm9, Bbm9 & Fm9 75

Nine Flat Five
C9b5, G9b5, D9b5 & A9b5 76
E9b5, B9b5, Gb9b5/F#9b5 & Db9b5 77
Ab9b5, Eb9b5, Bb9b5 & F9b5................78

Nine Sharp Five
C9#5, G9#5, D9#5 & A9#5 79
E9#5, B9#5, Gb9#5/F#9#5 & Db9#5......80
Ab9#5, Eb9#5, Bb9#5 & F9#5................81

Eleventh
C11, G11, D11 & A11 82
Eb11, B11, Gb11/F#11 & Db11 83
Ab11, Eb11, Bb11 & F11 84

Augmented Eleventh
Caug11, Gaug11, Daug11
    & Aaug11..85
Eaug11, Baug11, Gbaug11/F#aug11
    & Dbaug11..86
Abaug11, Ebaug11, Bbaug11
    & Faug11 87

Thirteenth
C13, G13, D13 & A13 88
E13, B13, Gb13/F#13 & Db13 89
Ab13, Eb13, Bb13 & F13 90

Thirteen Flat Nine
C13b9, G13b9, D13b9 & A13b9 91
E13b9, B13b9, Gb13b9/F#13b9
    & Db13b9 92
Ab13b9, Eb13b9, Bb13b9 & F13b9 93

Major 13
Cma13, Gma13, Dma13 & Ama13 94
Ema13, Bma13, Gbma13/F#ma13
    & Dbma13 95
Abma13, Ebma13, Bbma13 & Fma13 ..96

How to Read Chord Diagrams

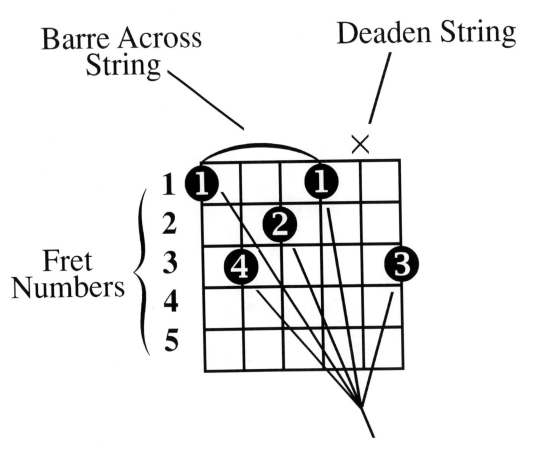

Major

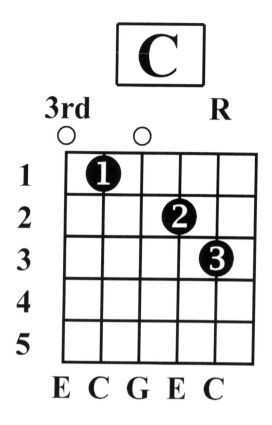

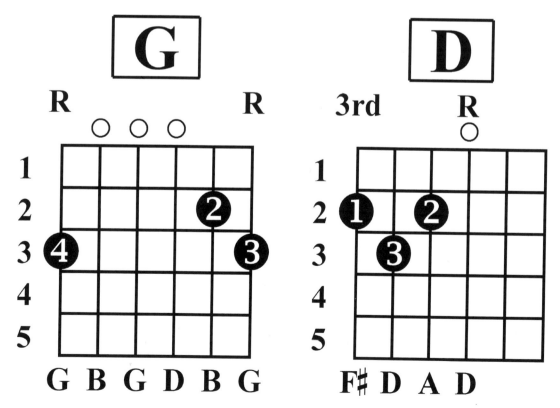

Major

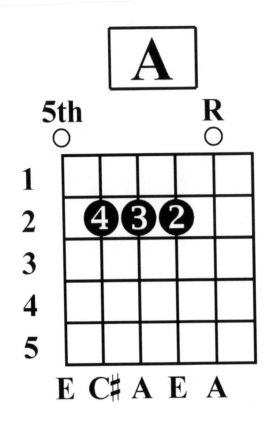
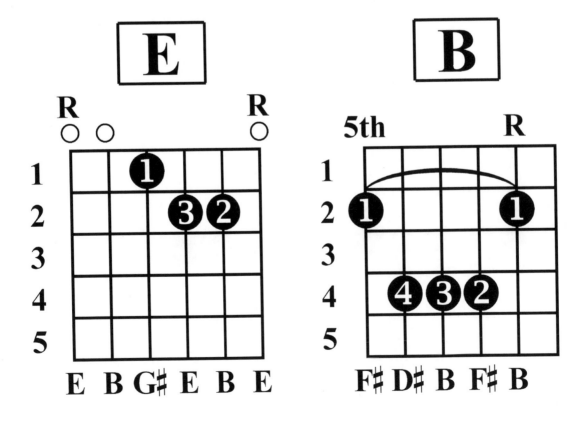

Major

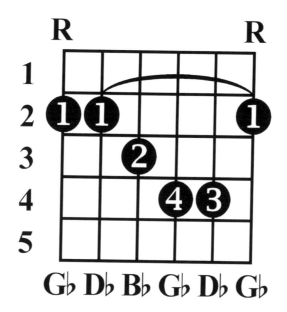

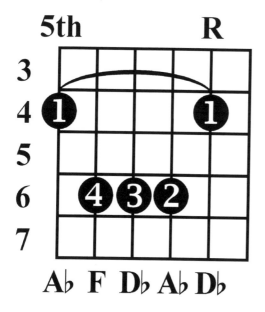
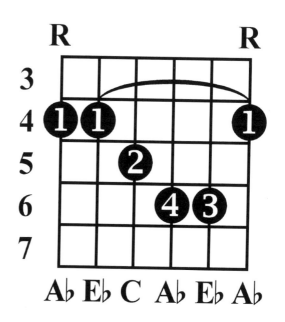

Major

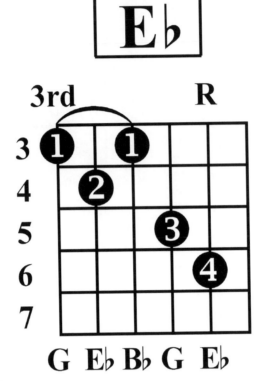

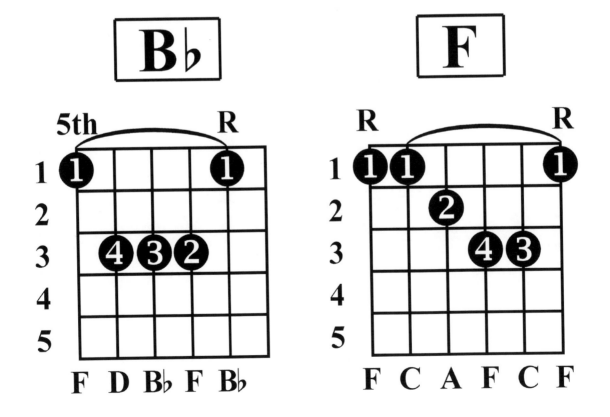

Minor

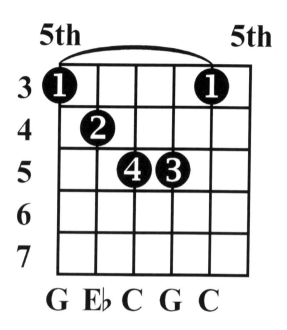

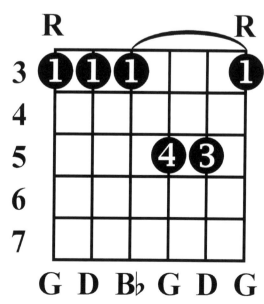
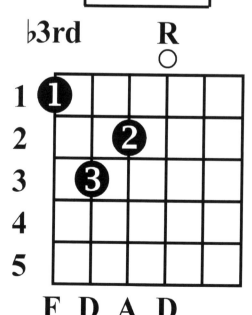

Minor

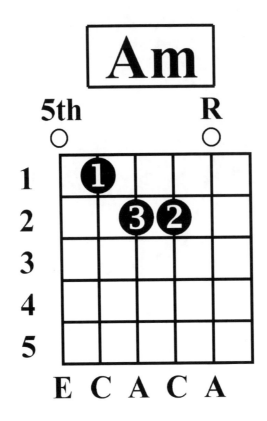

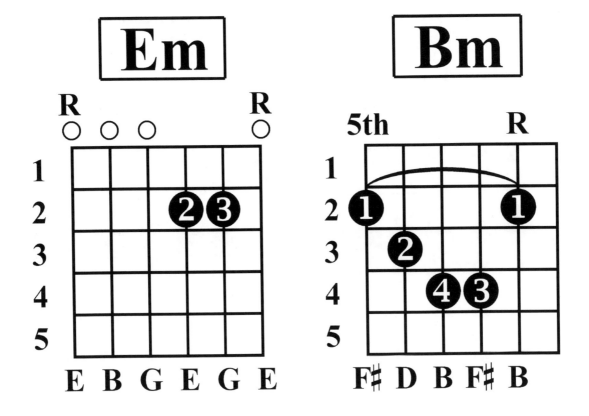

Minor

G♭m / F♯m

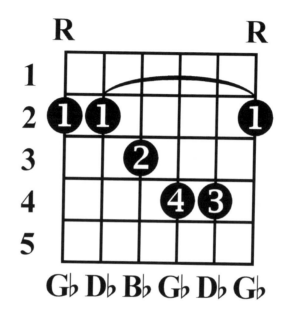

D♭m

A♭m

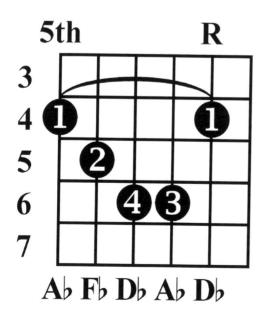
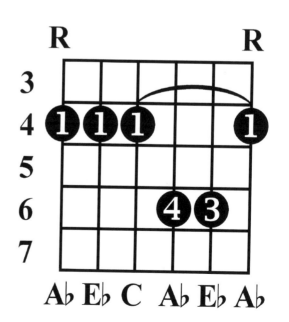

Minor

E♭m

```
      5th        R
5  ┌──┬──┬──┬──┐
   │  ╭──────╮ │
6  │  ①  │  │ ① │
   │  │  │  │  │
7  │  │  ②  │  │
   │  │  │  │  │
8  │  │  │  ④ ③ │
   │  │  │  │  │
9  └──┴──┴──┴──┘
   B♭ G♭ E♭ B♭ E♭
```

B♭m

```
      5th        R
1  ① ╭──────╮ ①
2     ②
3         ④ ③
4
5
   F D♭ B♭ F B♭
```

Fm

```
   R           R
1  ① ① ① ╭──╮ ①
2
3            ④ ③
4
5
   F C A♭ F C F
```

Seventh

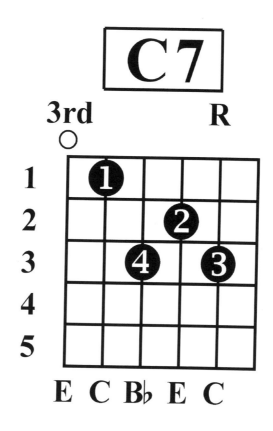

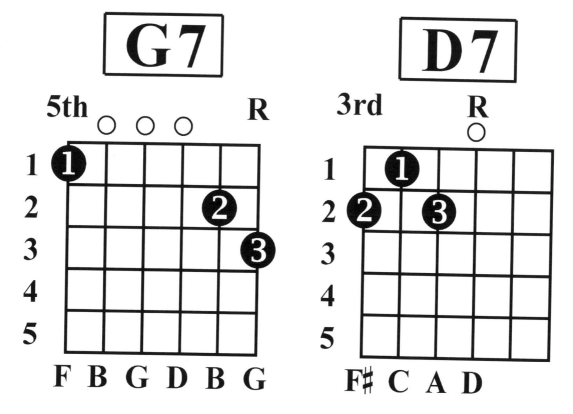

Seventh

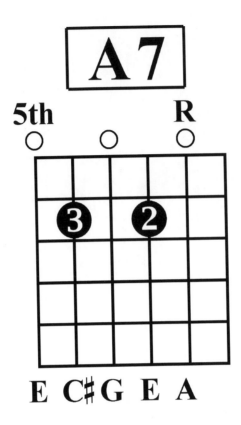

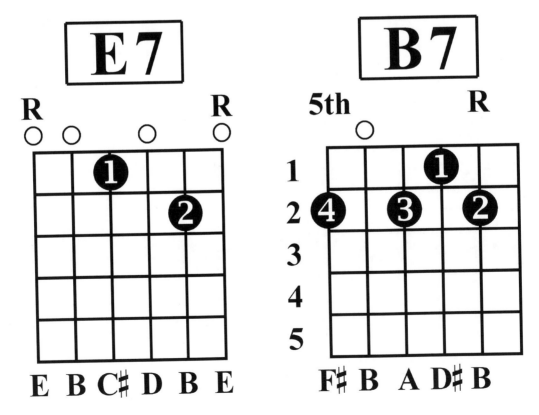

Seventh

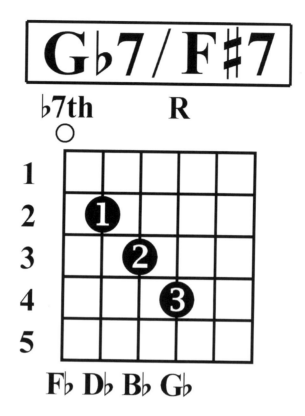

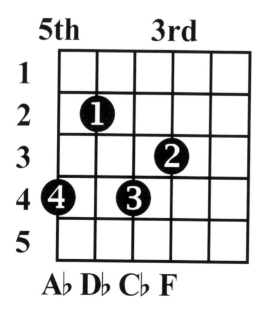

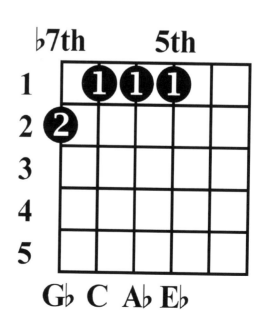

Seventh

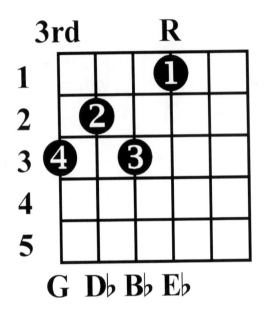

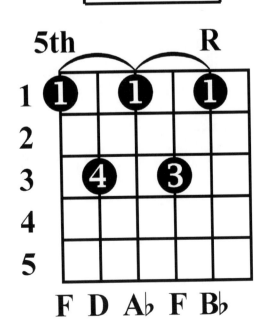

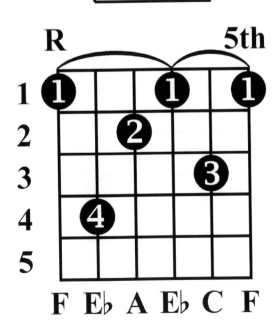

Major Seventh 17

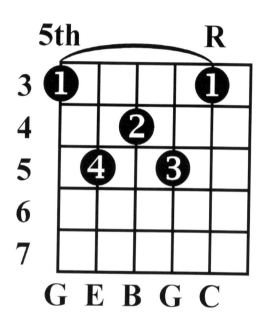

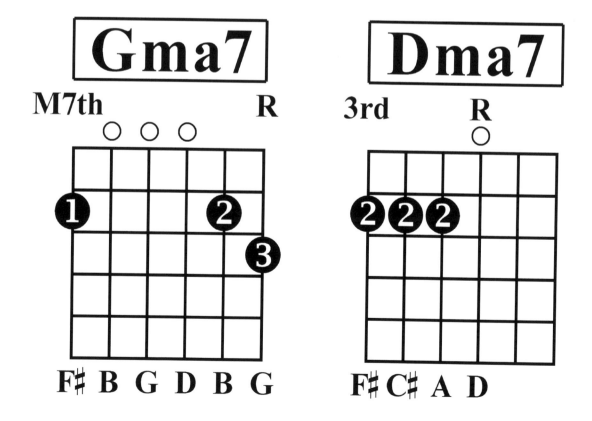

Major Seventh

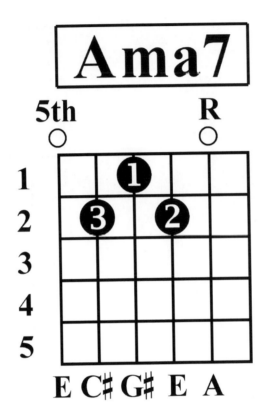

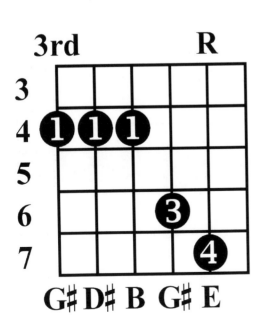

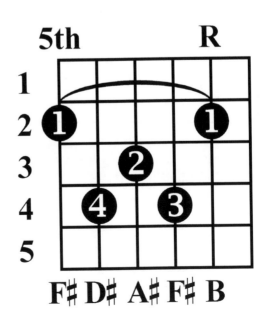

Major Seventh 19

Gbma7/F#ma7

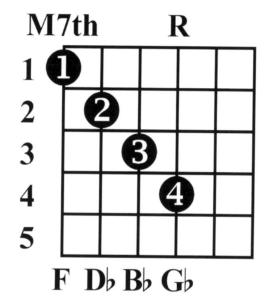

Dbma7

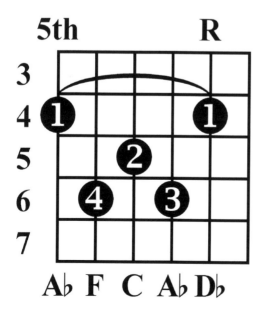

Abma7

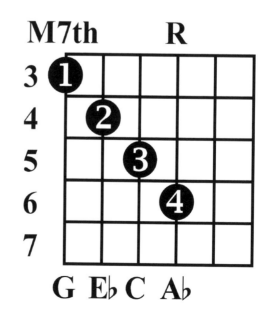

Major Seventh

E♭ma7

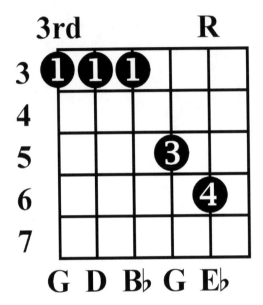

B♭ma7

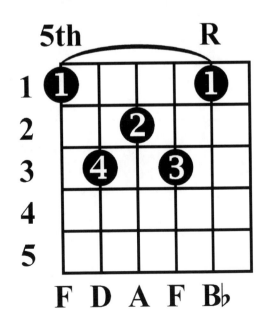

Fma7

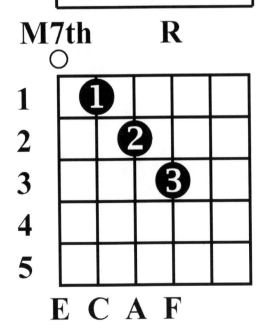

Major Sixth

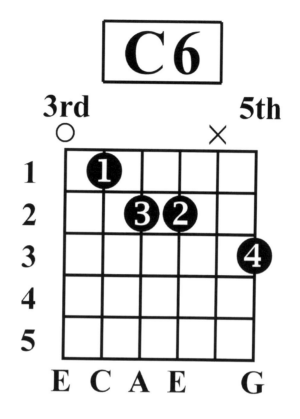

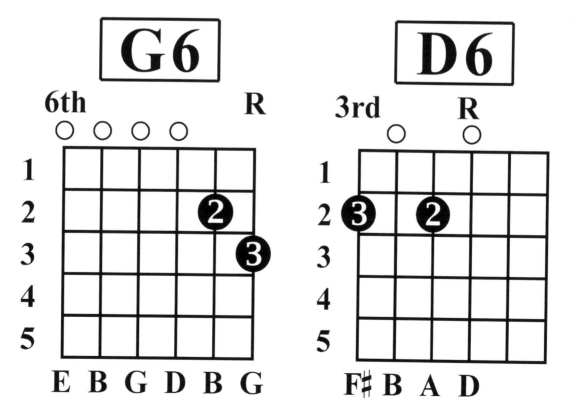

Sixth

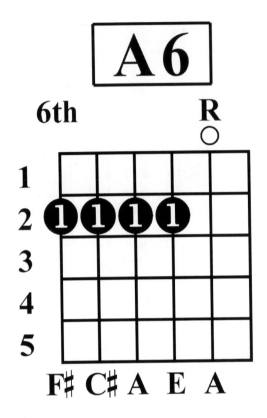

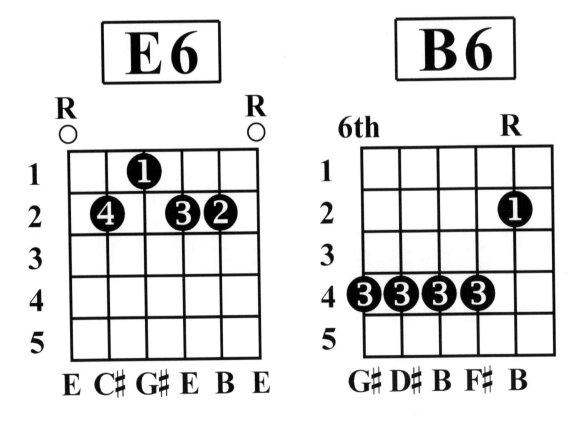

Sixth

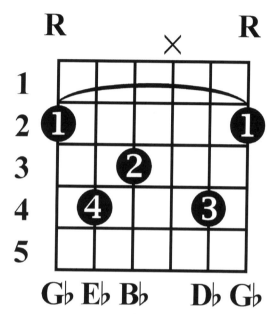

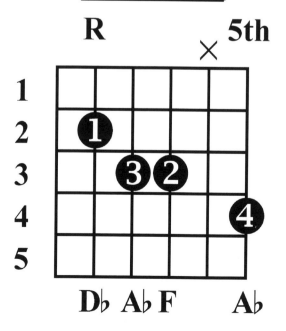

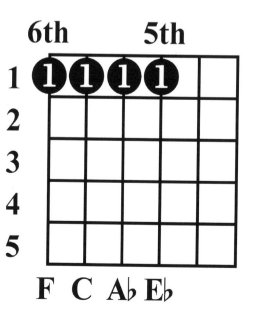

Sixth

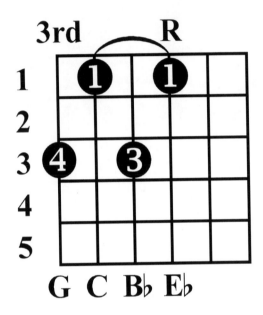

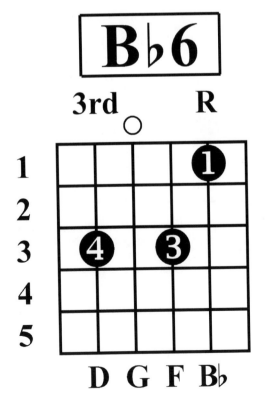

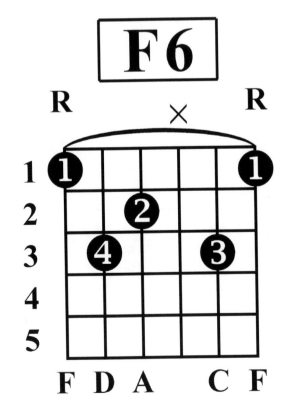

Minor Seventh

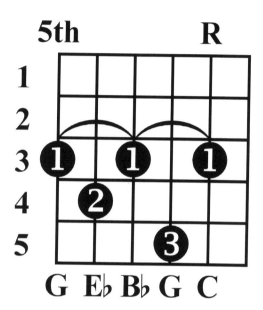

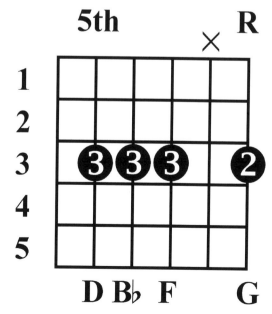
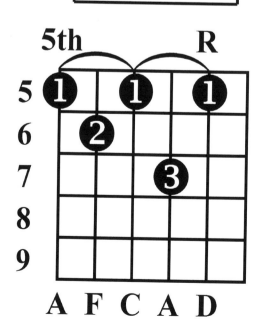

Minor Seventh

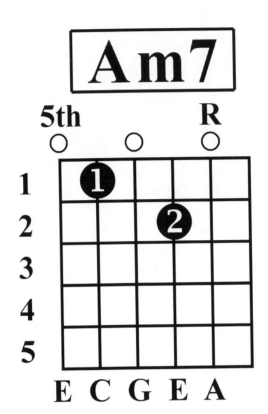
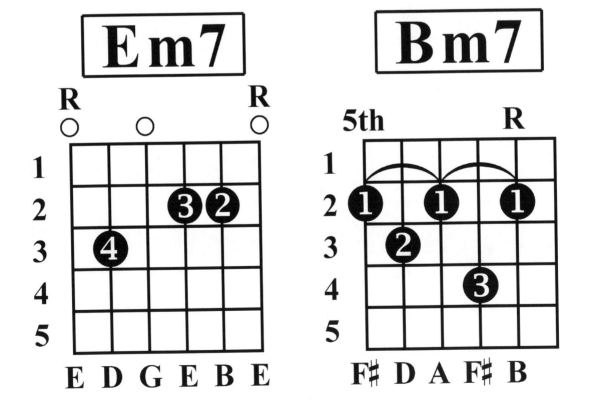

Minor Seventh

Gbm7 / F#m7

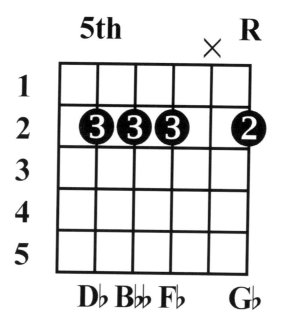

Dbm7

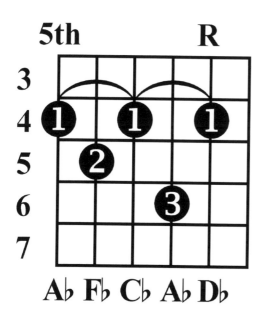

Abm7

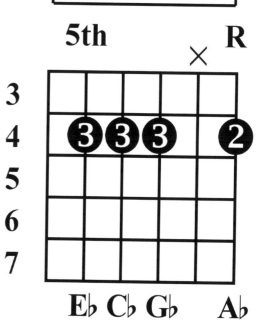

Minor Seventh

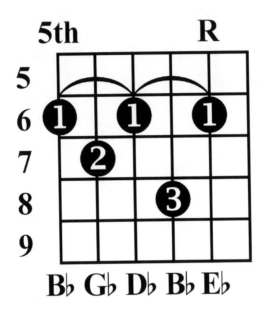

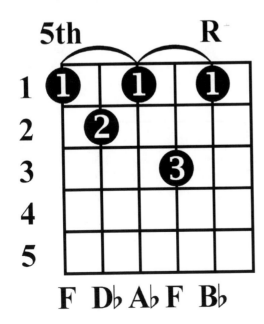

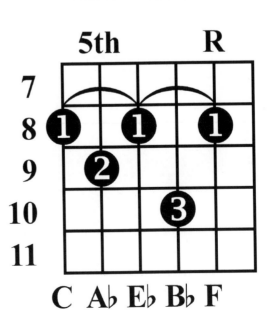

Minor Sixth

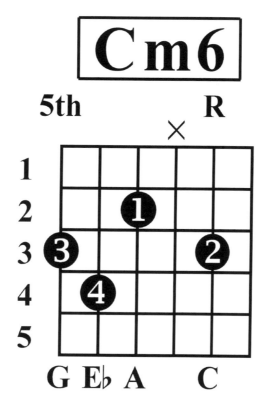

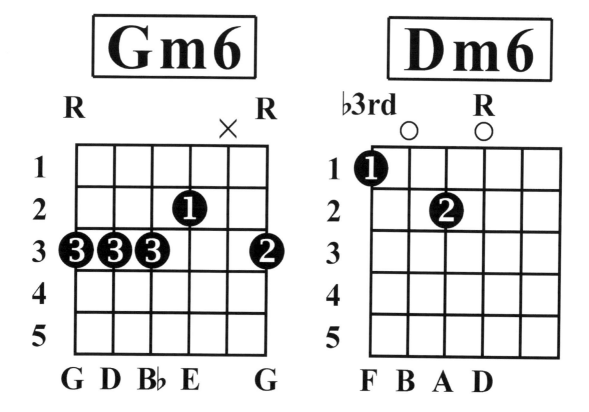

Minor Sixth

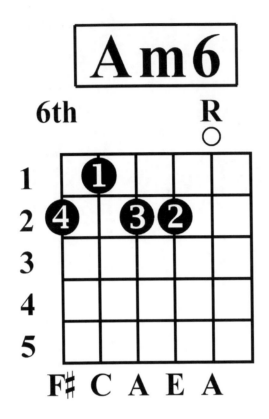

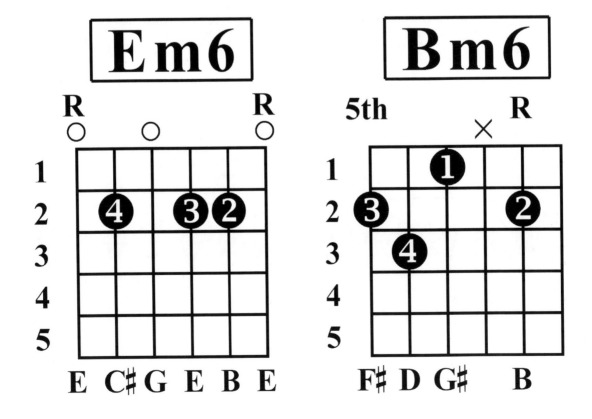

Minor Sixth

31

Gbm6 / F#m6

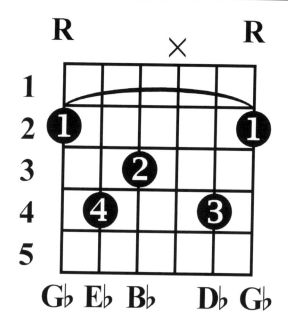

Dbm6

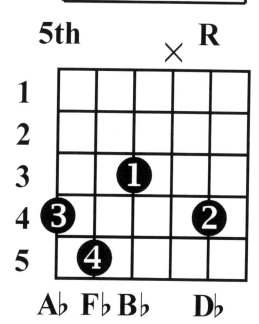

Abm6

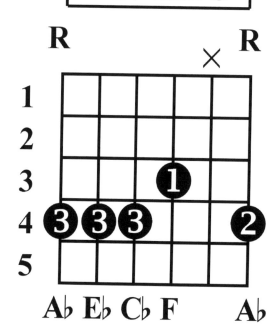

Minor Sixth

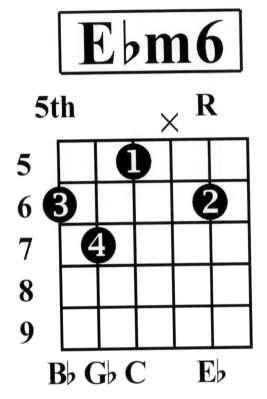

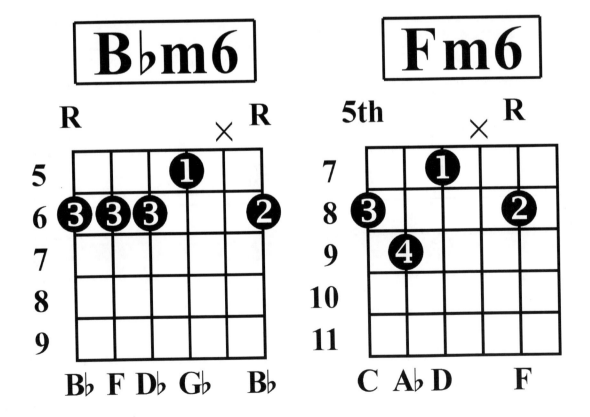

7 Suspended 4th [33]

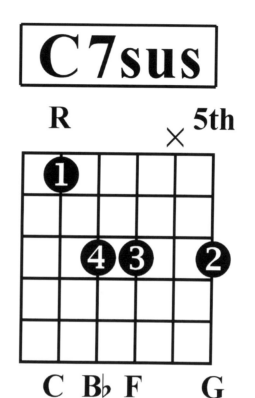
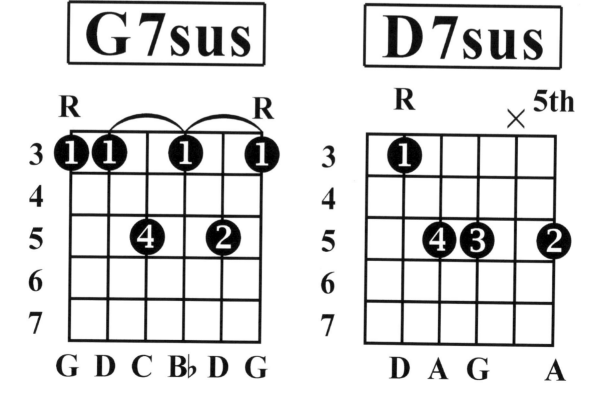

7 Suspended 4th

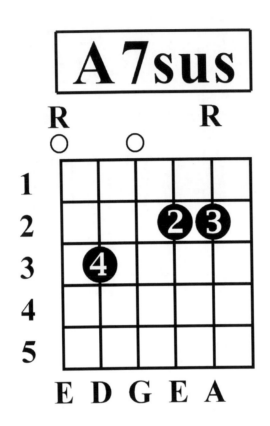
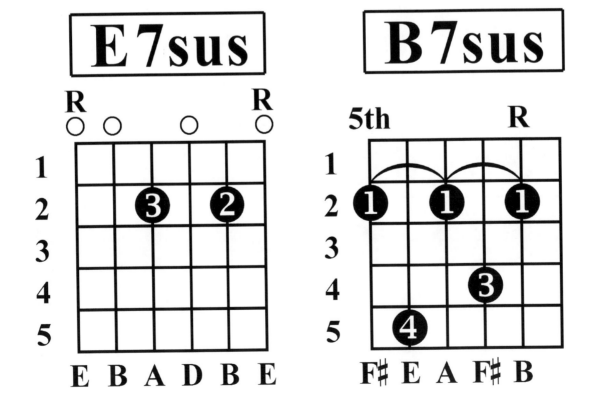

7 Suspended 4th

Gb7sus / F#7sus

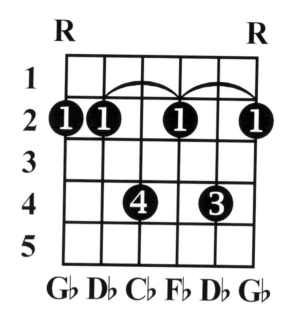

Db7sus

Ab7sus

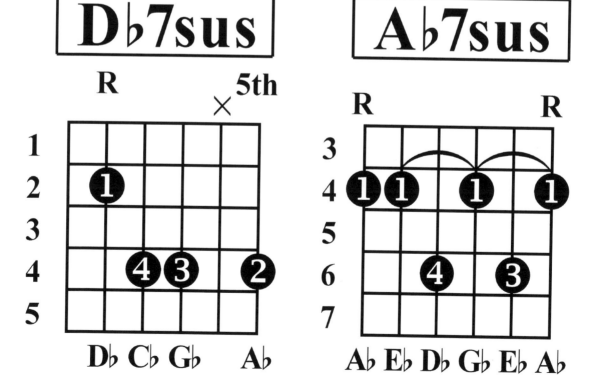

7 Suspended 4th

E♭7sus

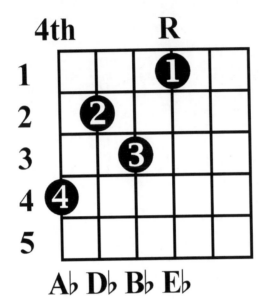

B♭7sus

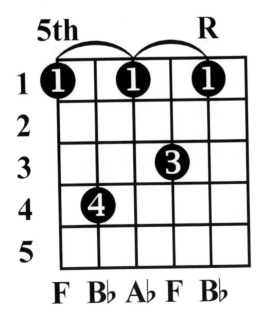

F7sus

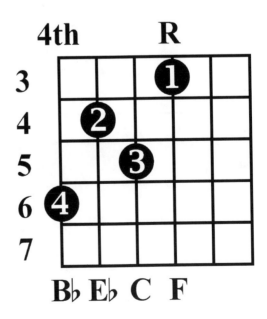

Diminished #1

C°, E♭°, G♭°, A°

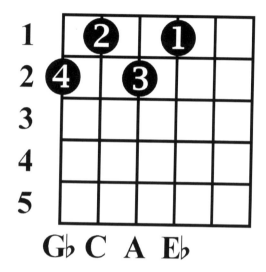

G♭ C A E♭

D♭°, E°, G°, B♭°

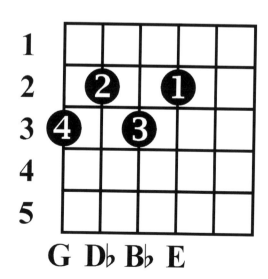

G D♭ B♭ E

D°, F°, A♭°, B°

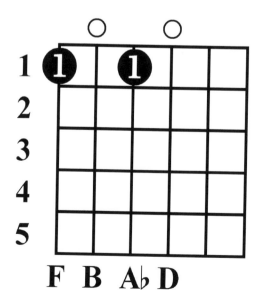

F B A♭ D

Diminished #2

C°, E♭°, G♭°, A°

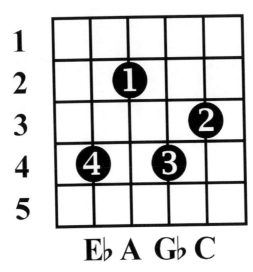

E♭ A G♭ C

D♭°, E°, G°, B♭°

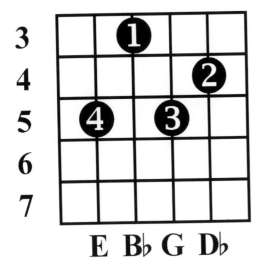

E B♭ G D♭

D°, F°, A♭°, B°

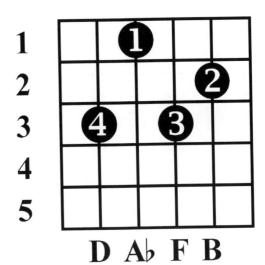

D A♭ F B

Augmented

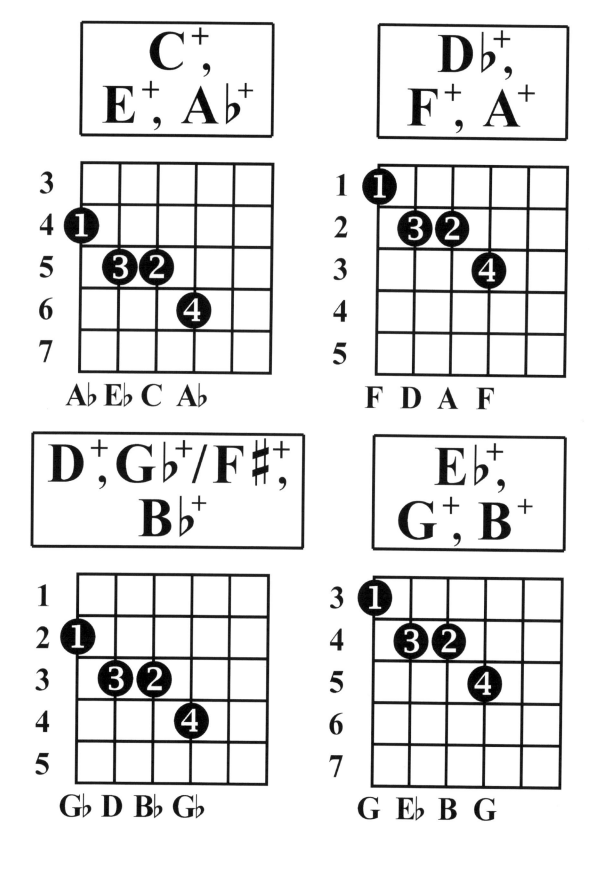

Major-Minor 7

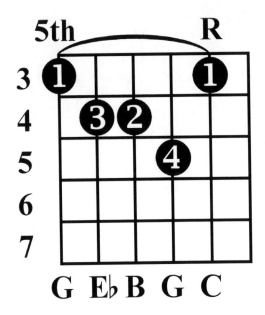
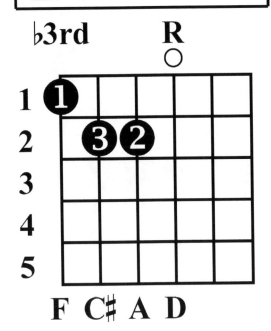

Major-Minor 7

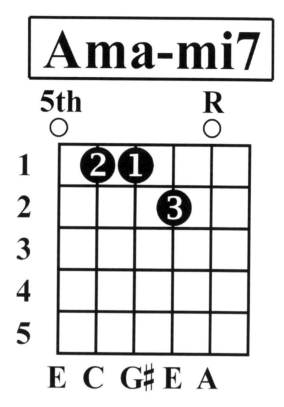
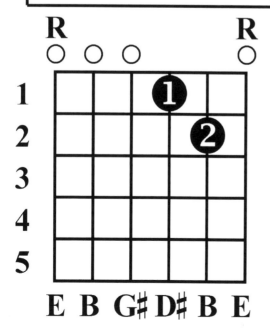
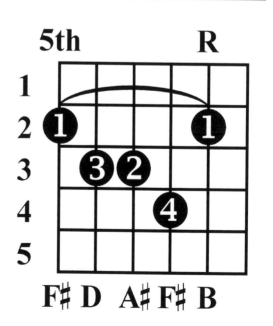

Major-Minor 7

G♭ma-mi7 / F♯ma-mi7

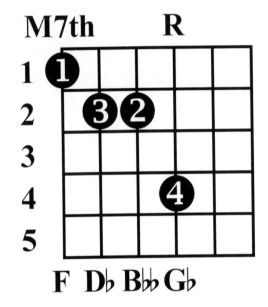

F D♭ B♭♭ G♭

D♭ma-mi7

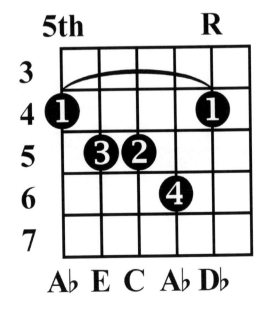

A♭ E C A♭ D♭

A♭ma-mi7

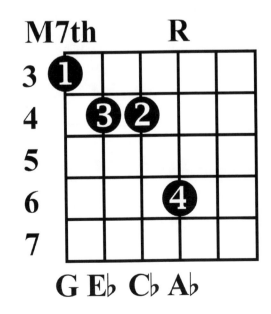

G E♭ C♭ A♭

Major-Minor 7

E♭ma-mi7

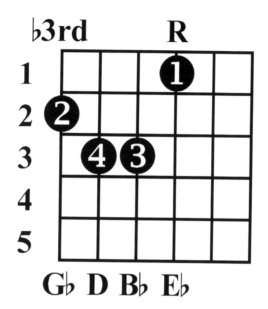

B♭ma-mi7

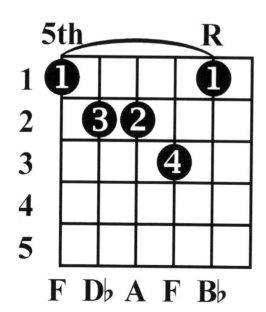

Fma-mi7

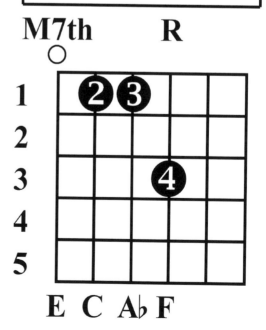

7♯5

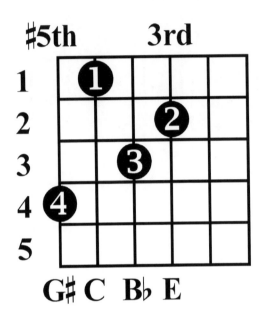

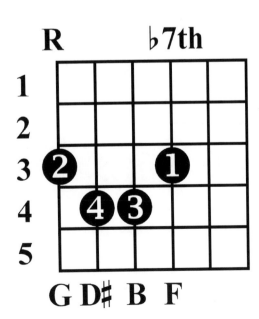
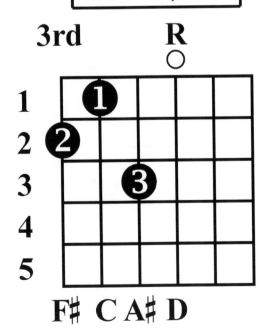

7♯5

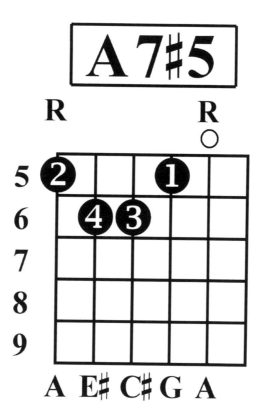
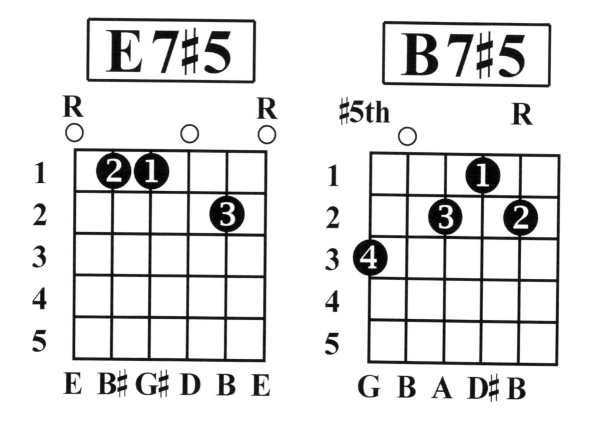

7♯5

G♭7♯5 / F♯7♯5

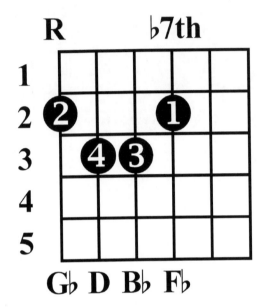

D♭7♯5

A♭7♯5

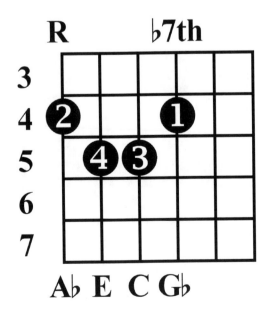

7#5

Eb7#5

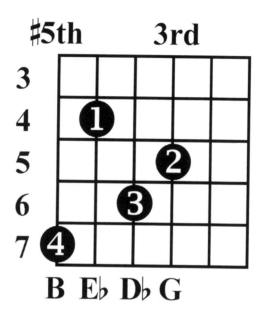

Bb7#5

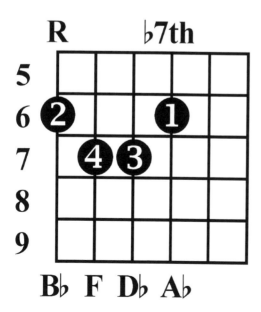

F7#5

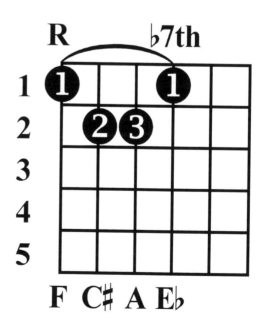

7♭5

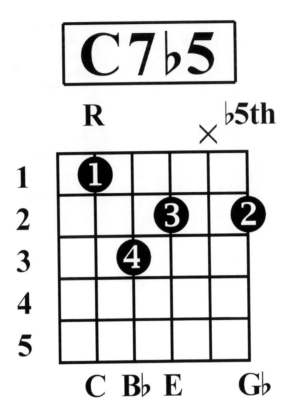

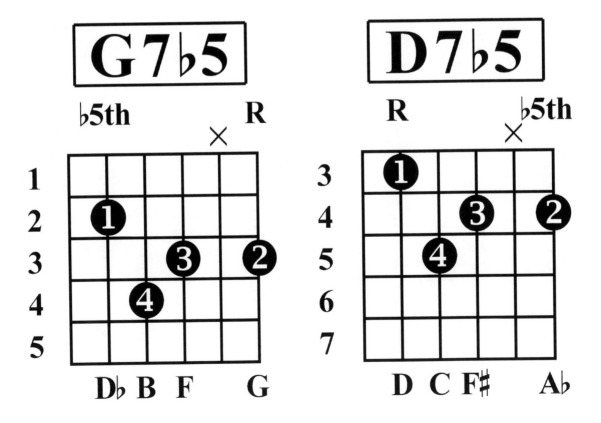

7♭5

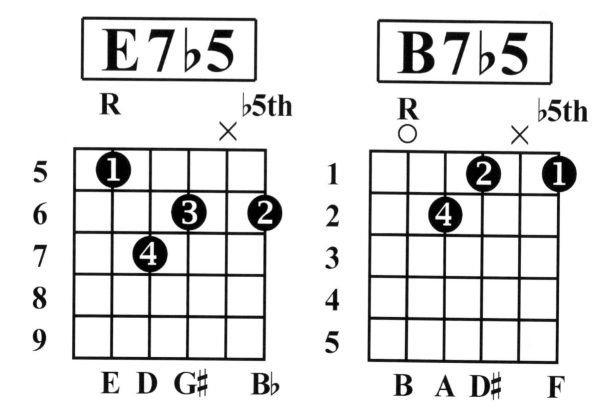

7♭5

G♭7♭5 / F#7♭5

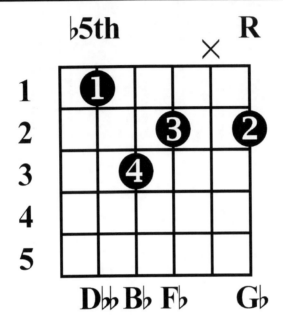

D♭7♭5

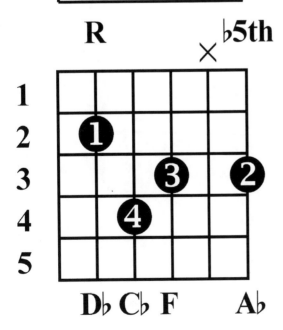

A♭7♭5

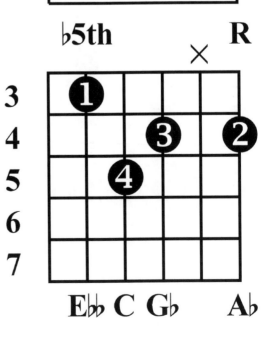

7♭5

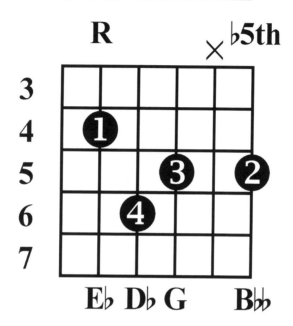
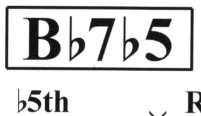
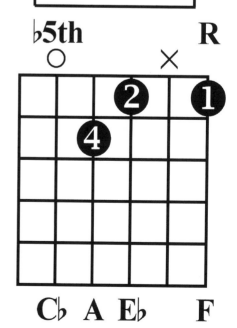

Minor 7♭5

Cm7♭5

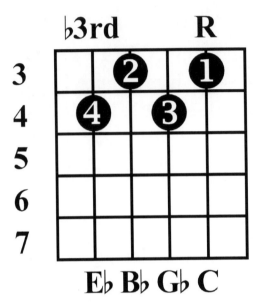

Gm7♭5

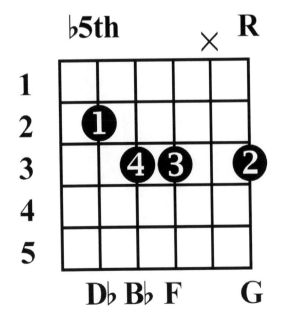

Dm7♭5

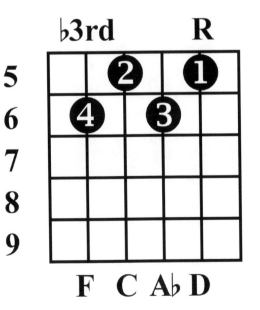

Minor7♭5

Am7♭5

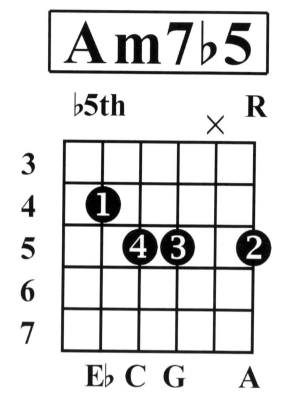

Em7♭5

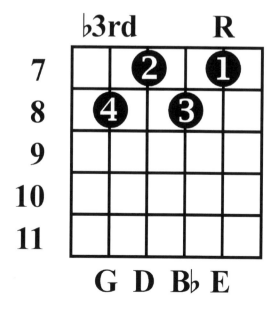

Bm7♭5

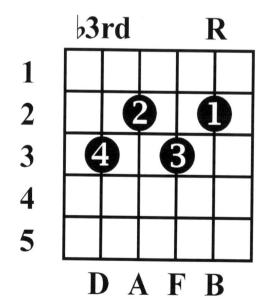

Minor7♭5

G♭m7♭5 / F♯m7♭5

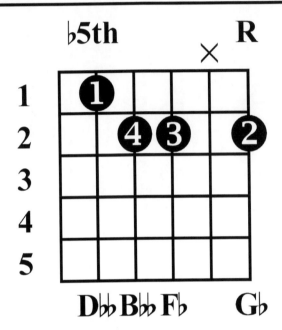

D♭m7♭5

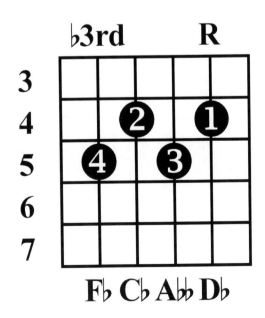

A♭m7♭5

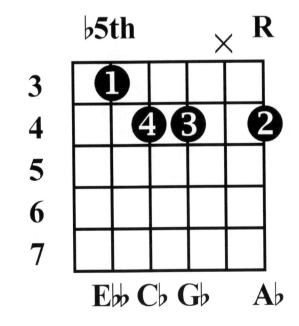

Minor7b5

Ebm7b5

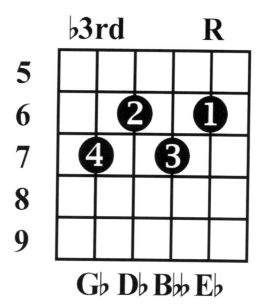

Dbm7b5

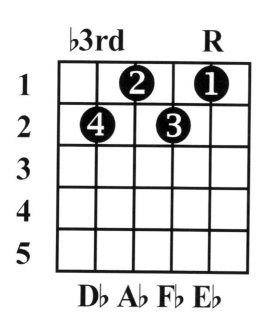

Fm7b5

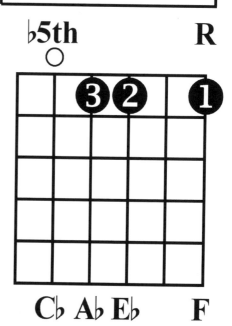

Ninth

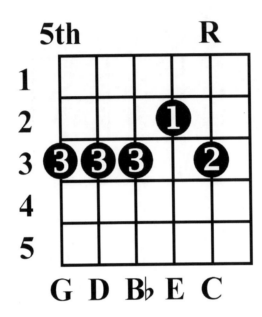

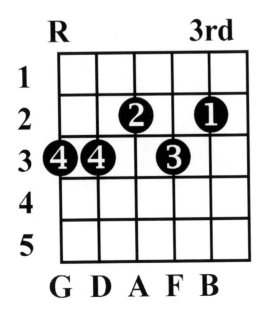
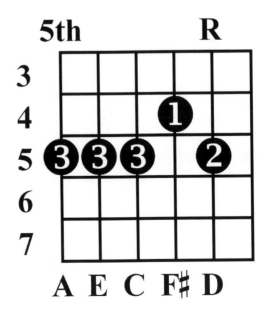

Ninth

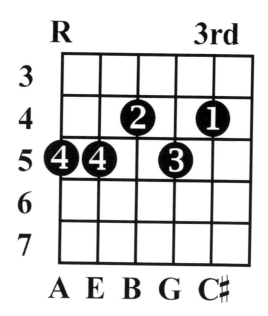
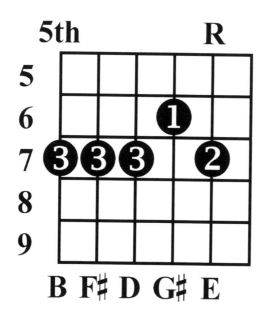
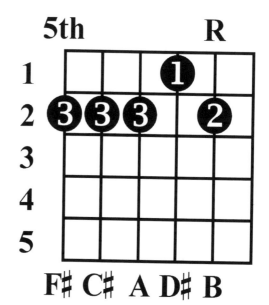

Ninth

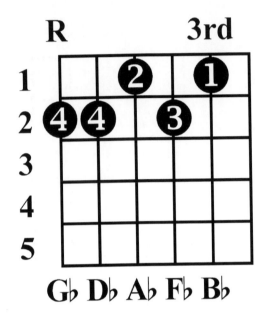

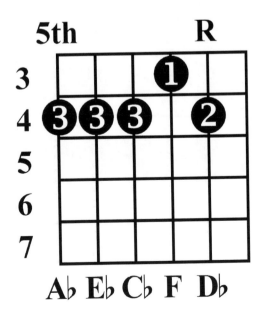
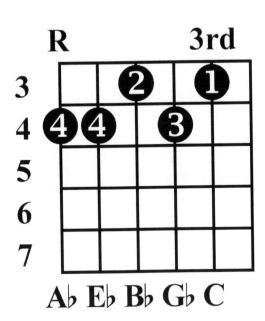

Ninth

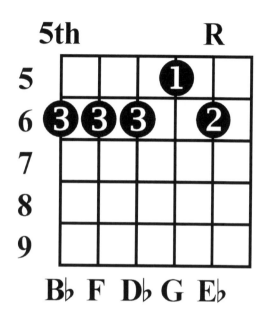

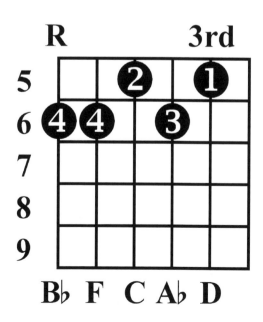

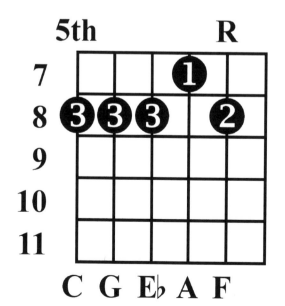

7♭9

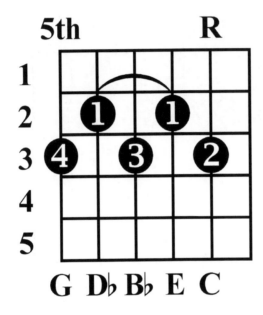

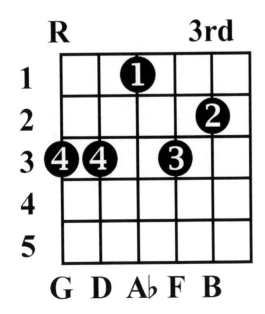
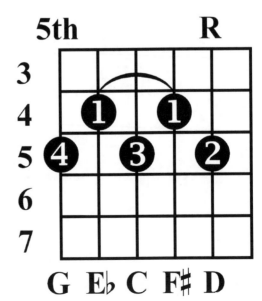

7♭9

A7♭9

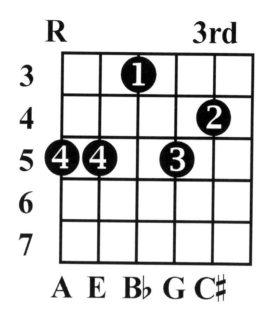

E7♭9

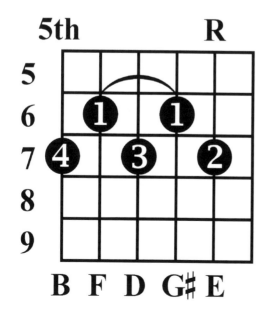

B7♭9

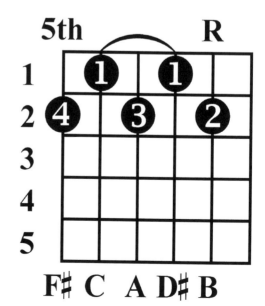

7♭9

G♭7♭9 / F#7♭9

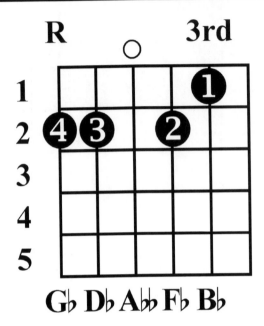

D♭7♭9

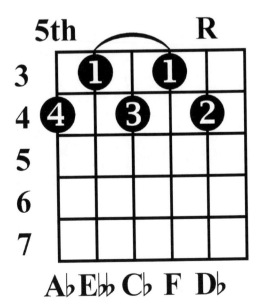

A♭7♭9

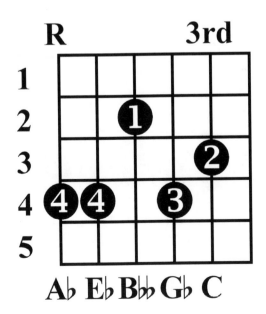

7♭9

E♭7♭9

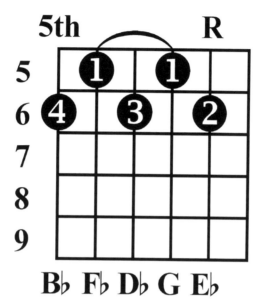

B♭7♭9   F7♭9

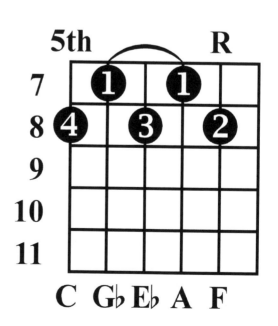

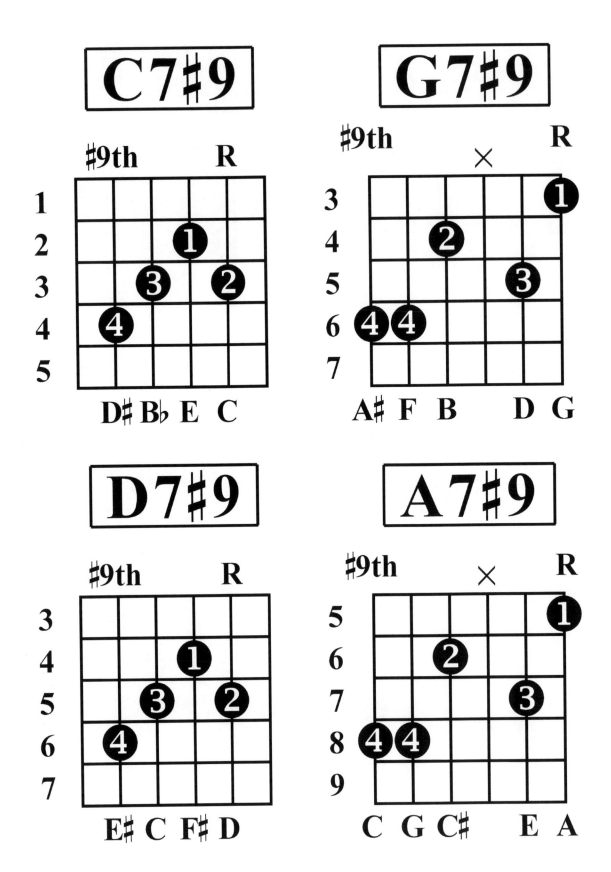

7#9

E7#9

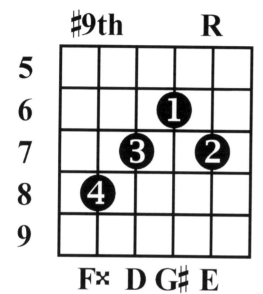

B7#9

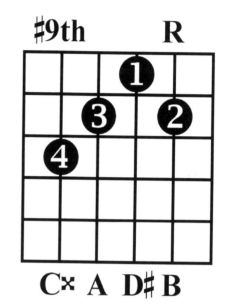

G♭7#9 / F#7#9

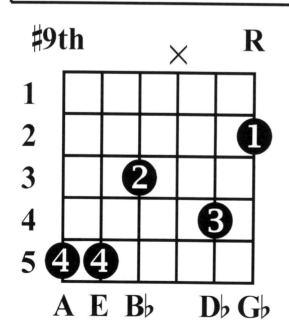

D♭7#9

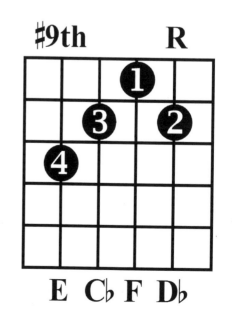

7#9

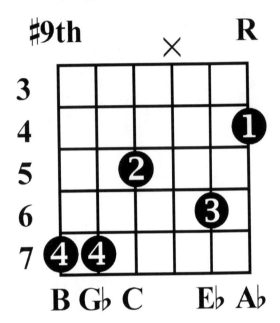
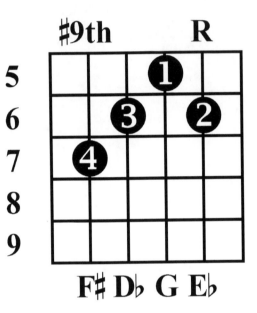
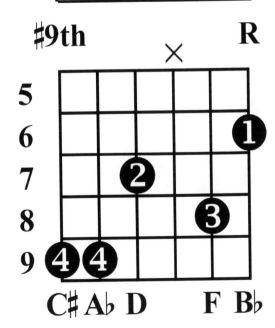
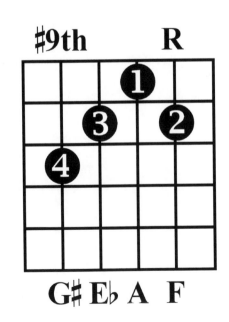

6/9

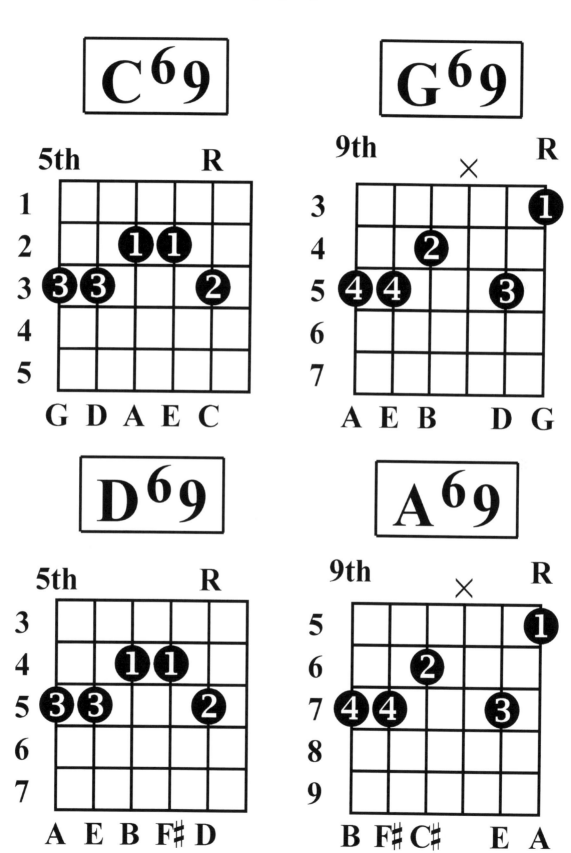

6/9

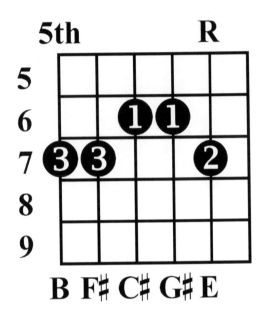
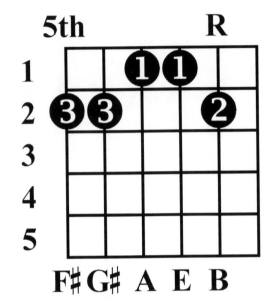
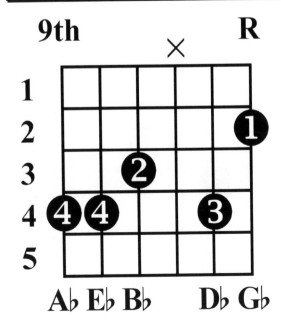
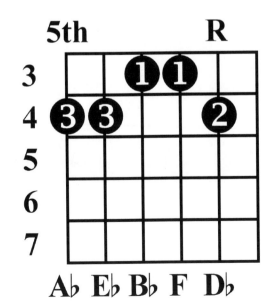

6/9

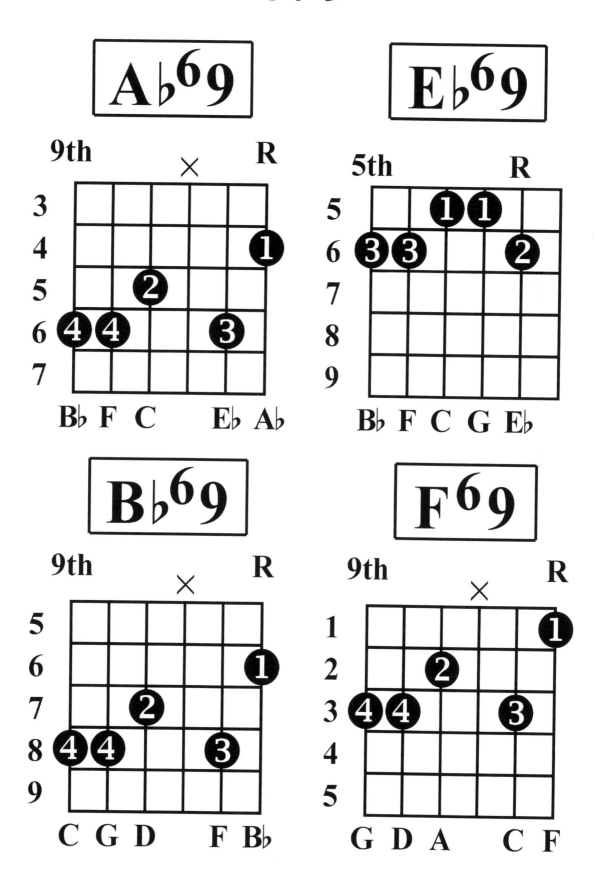

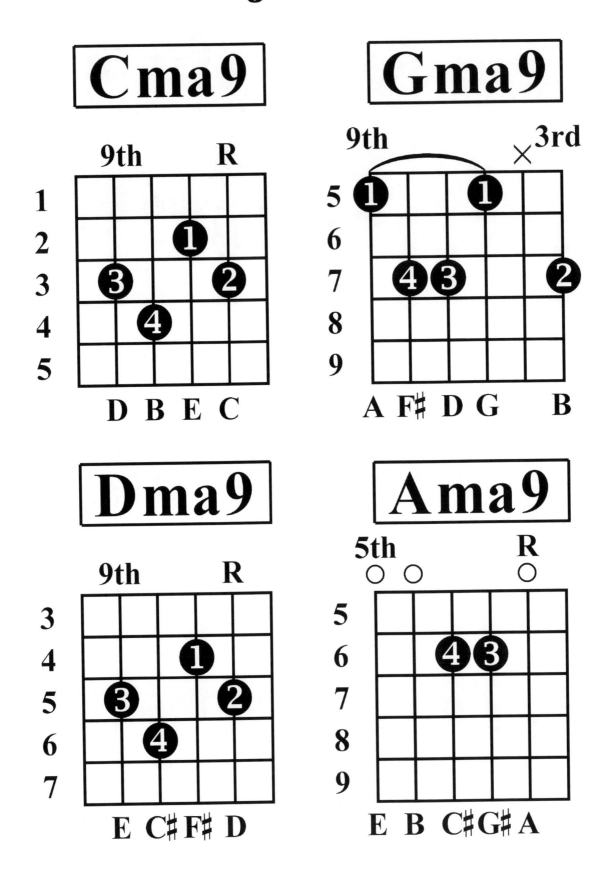

Major 9th

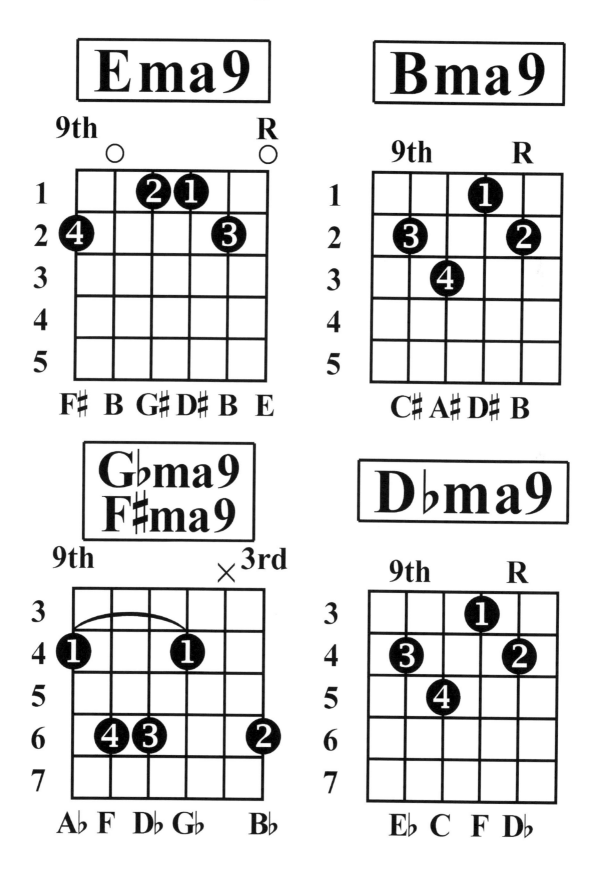

Major 9th

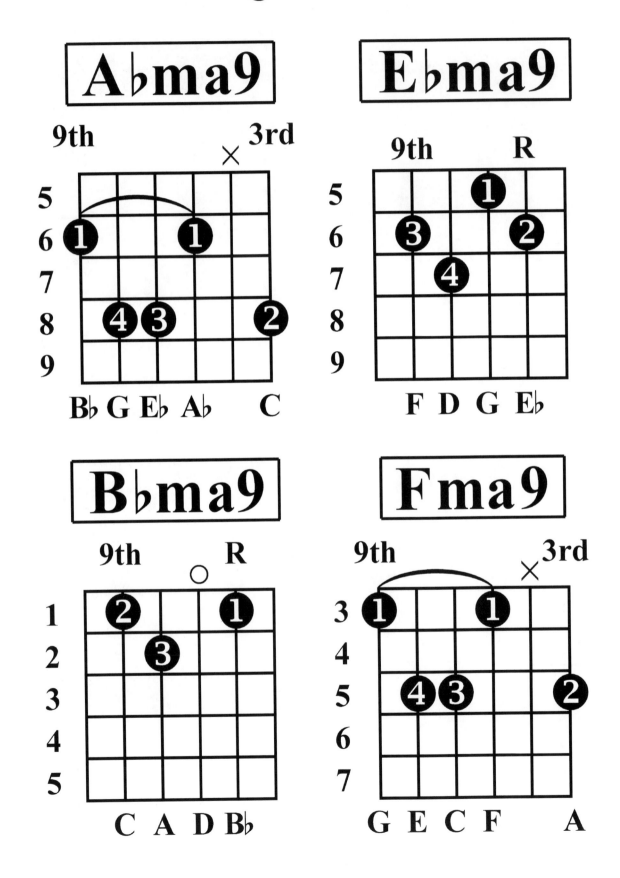

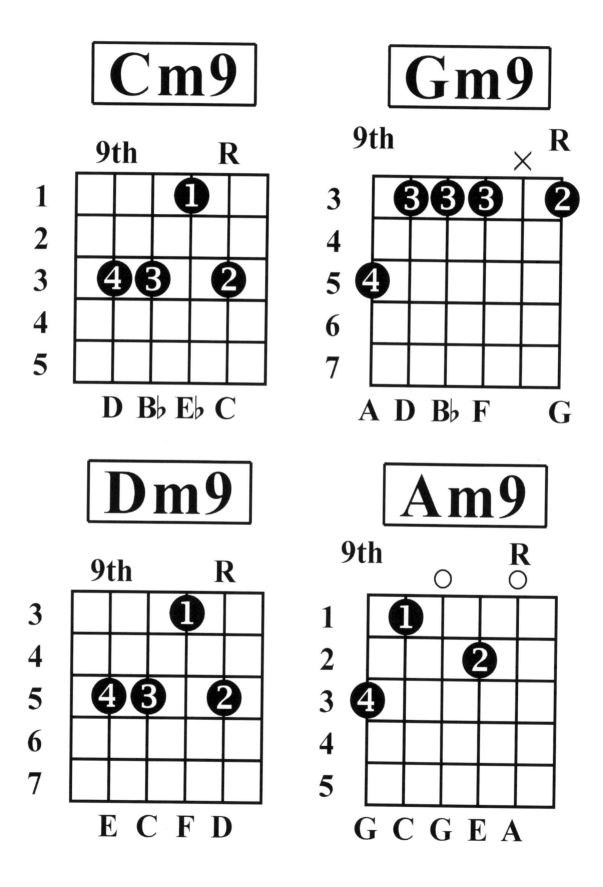

Minor 9th

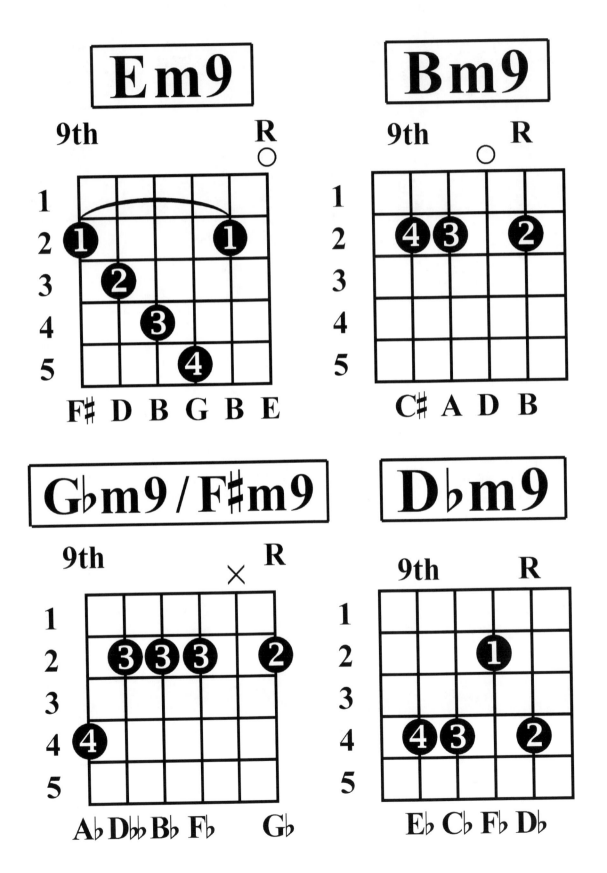

Minor 9th

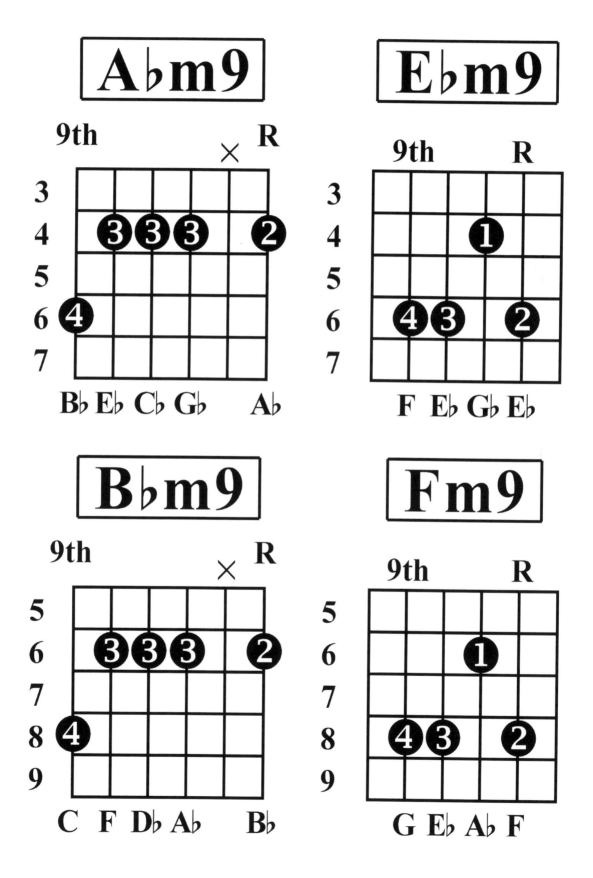

9♭5

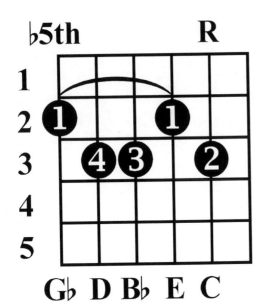

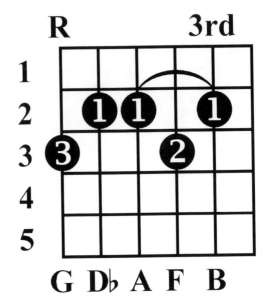

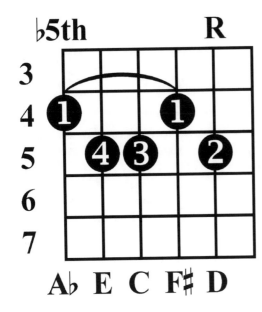

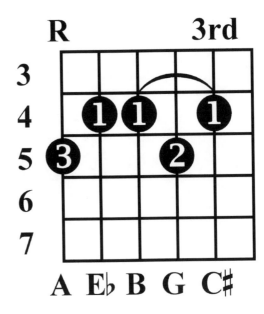

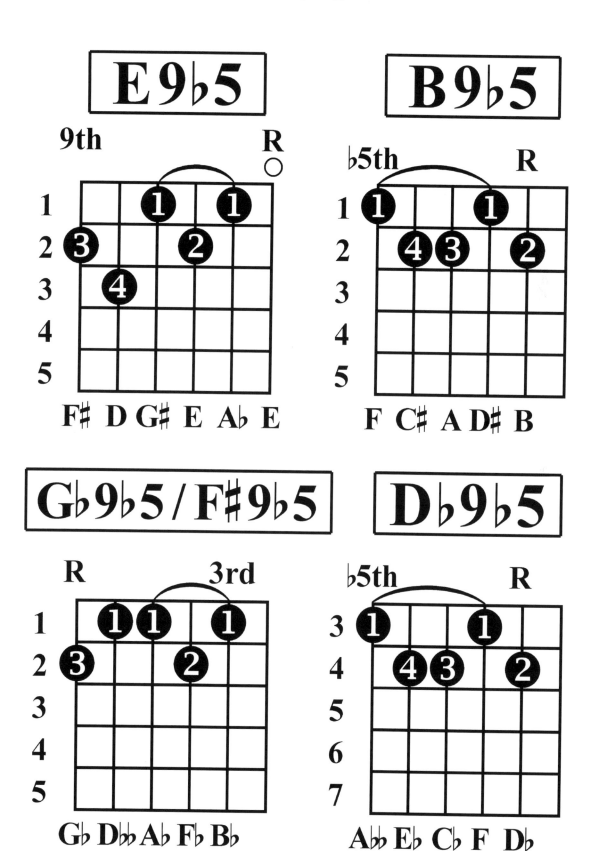

9♭5

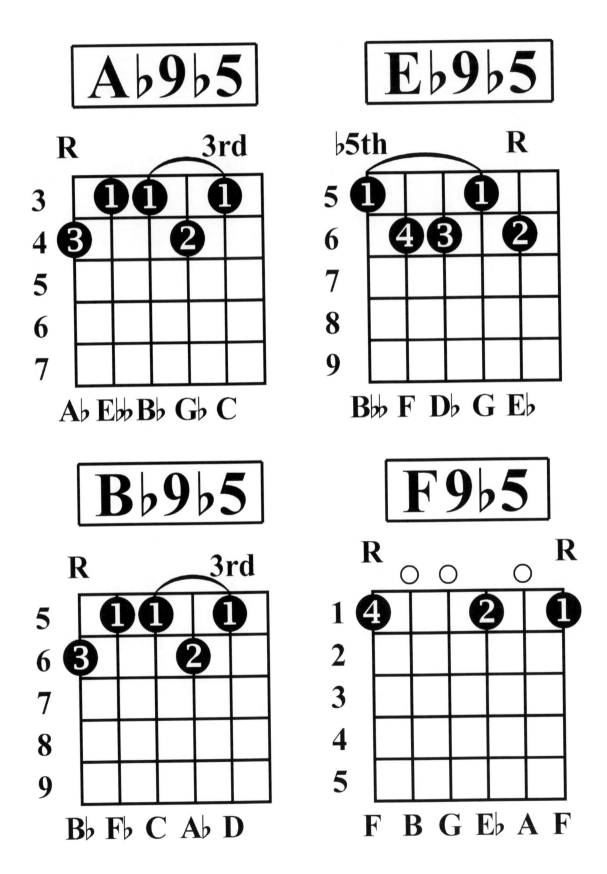

9♯5

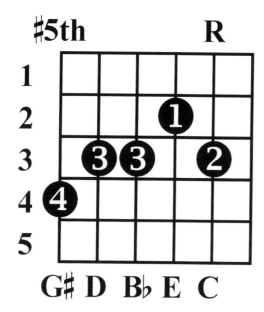
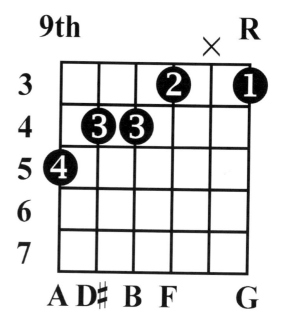
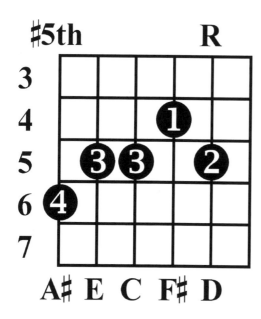
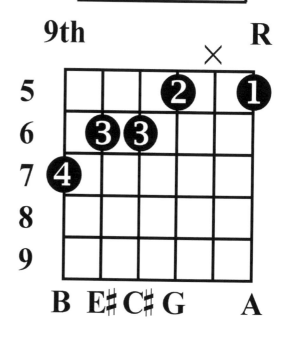

9♯5

E9♯5
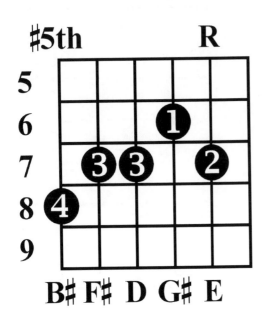

B9♯5
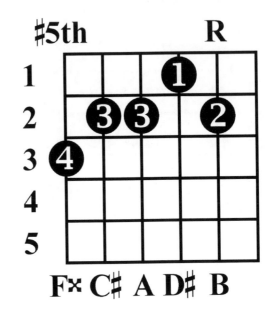

G♭9♯5 / F♯9♯5
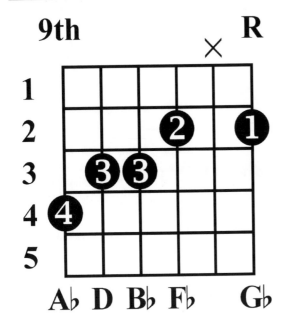

D♭9♯5
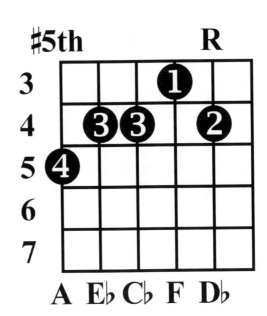

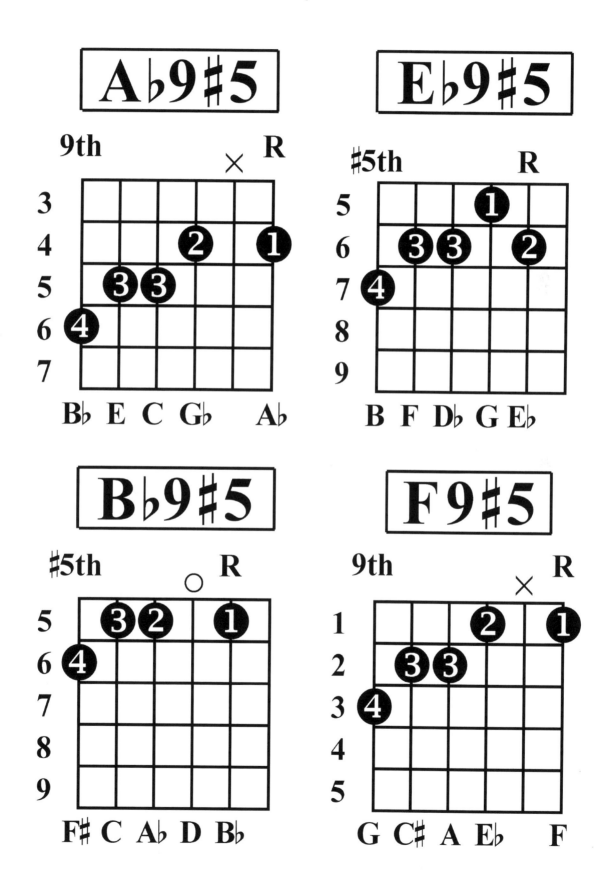

Eleventh

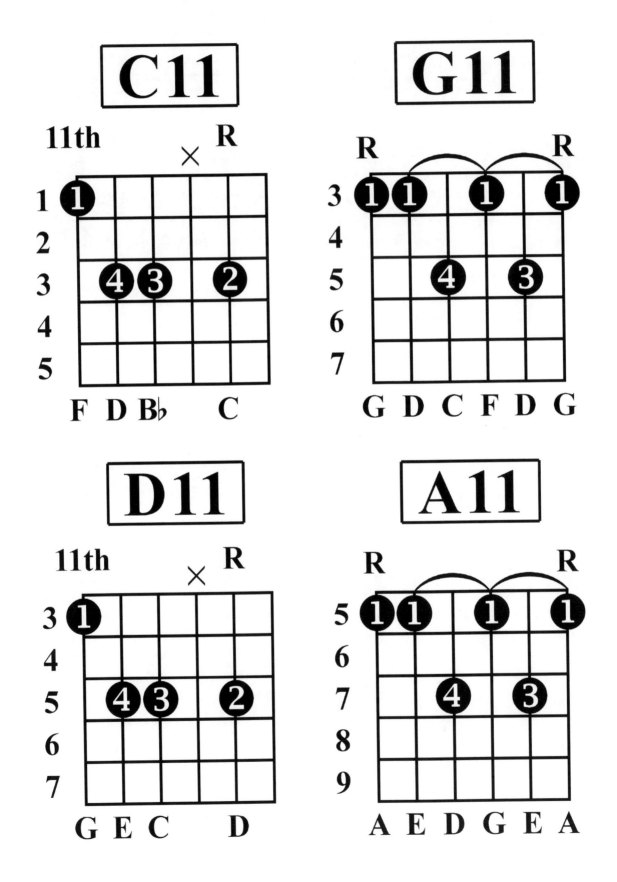

Eleventh

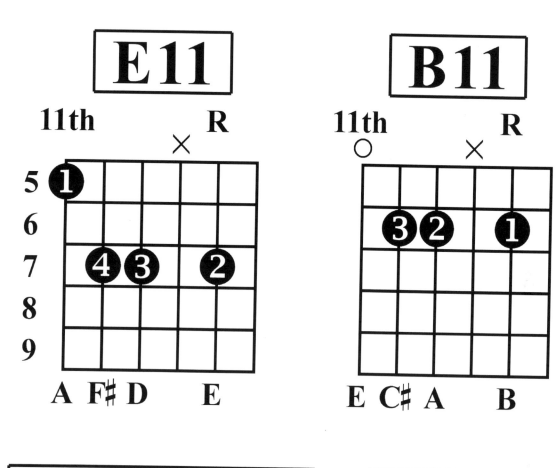

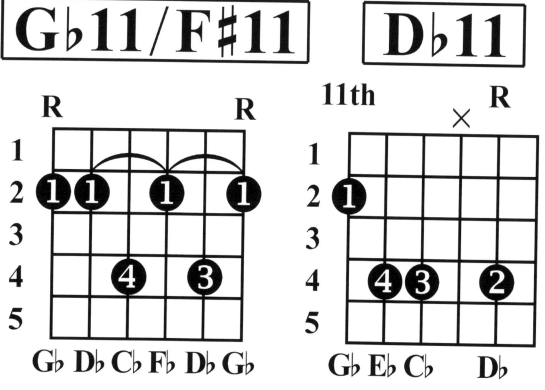

Eleventh

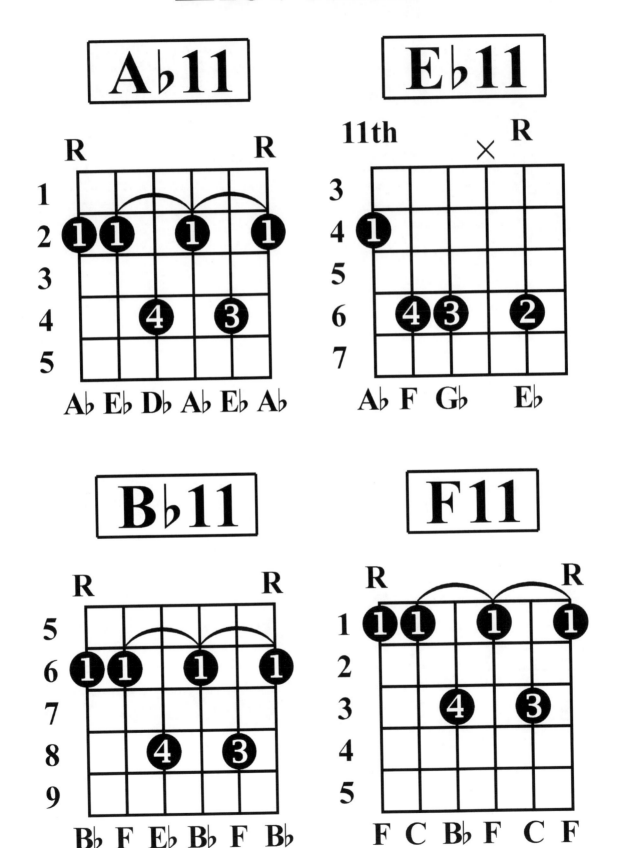

Augmented 11

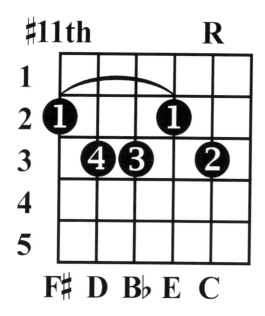
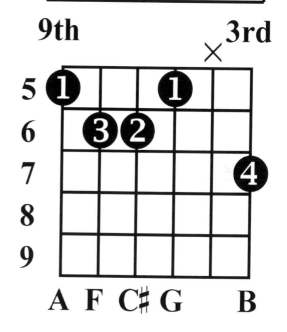
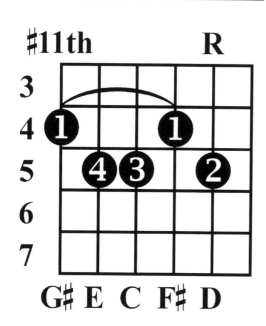
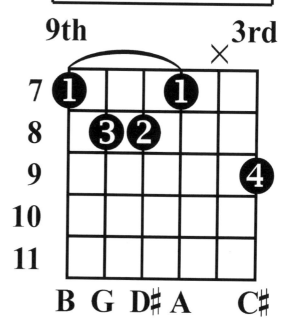

Augmented 11

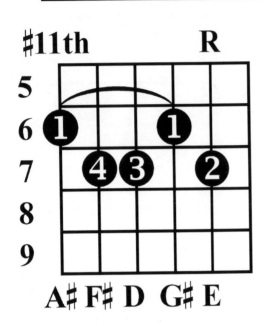
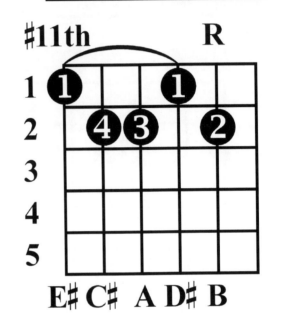
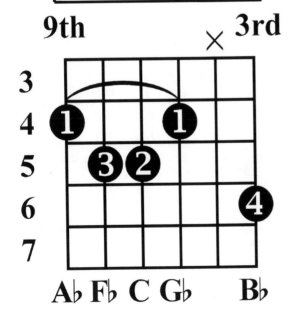
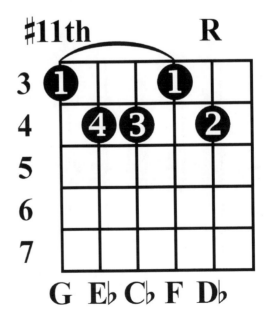

Augmented 11

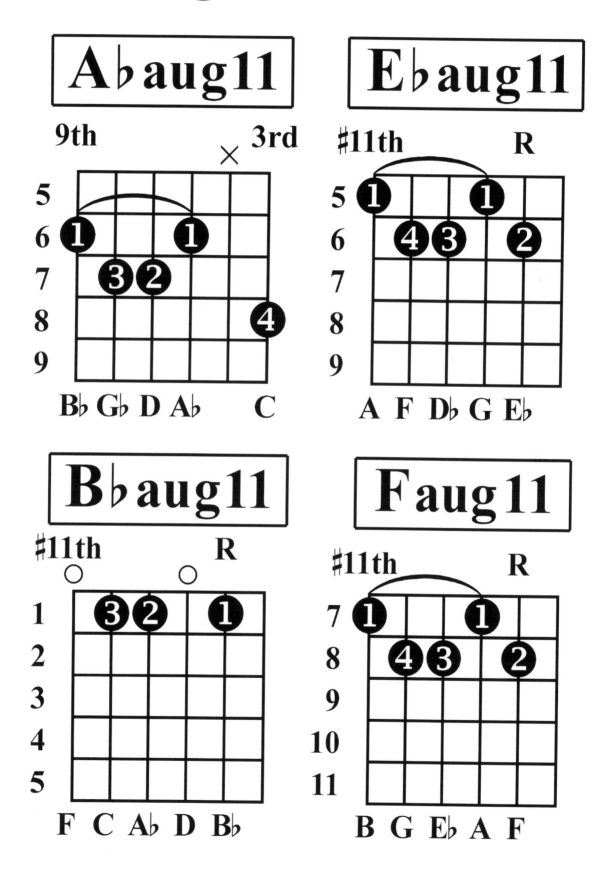

Thirteenth

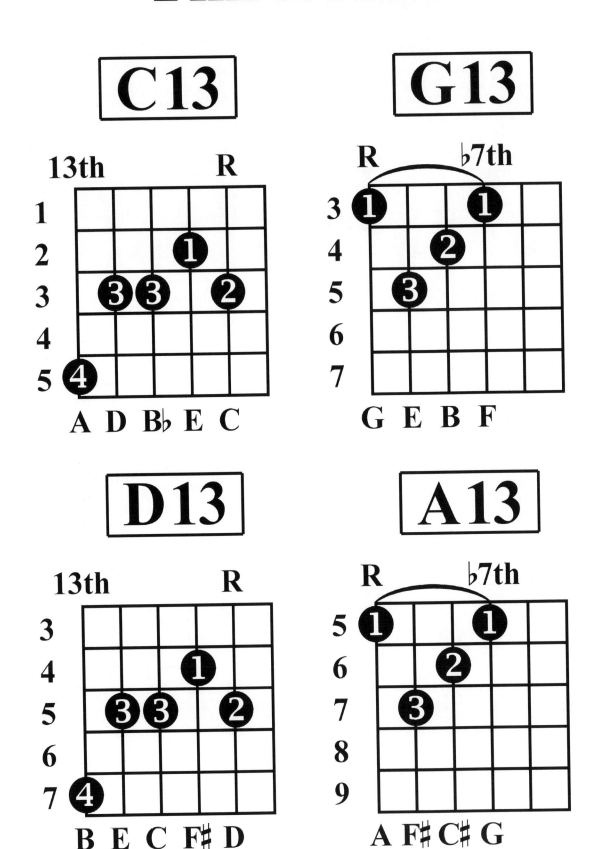

Thirteenth

E13
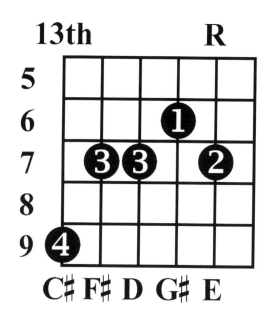

B13
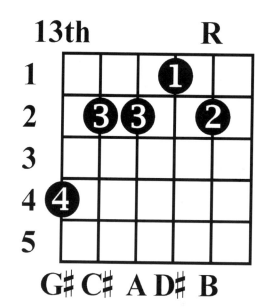

G♭13/F♯13
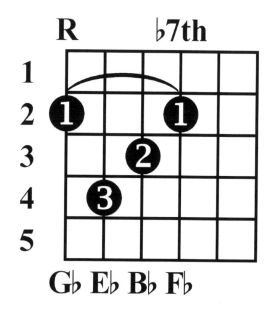

D♭13
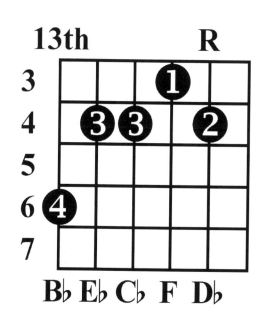

Thirteenth

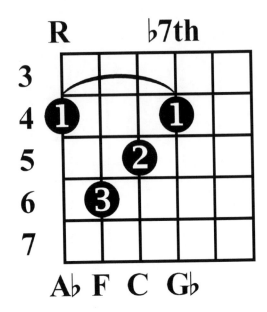

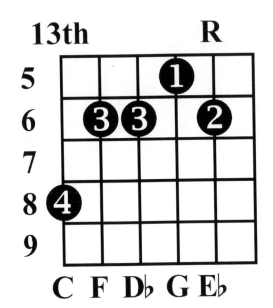

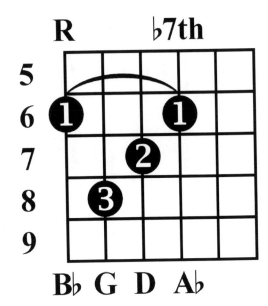

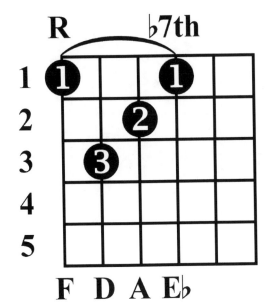

13♭9

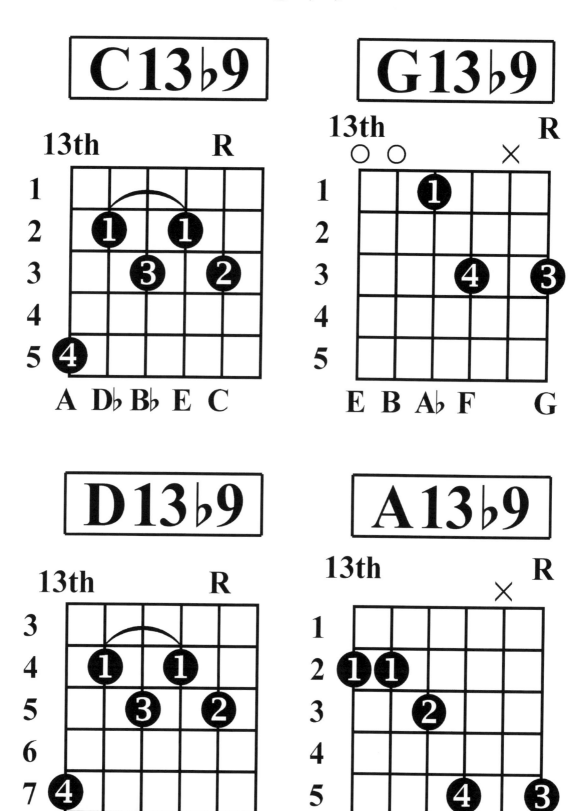

13♭9

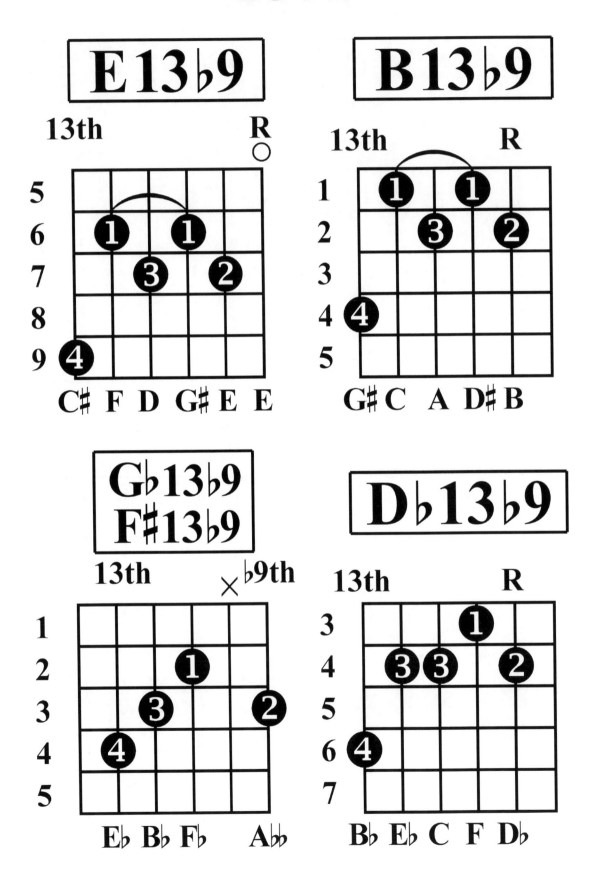

13♭9

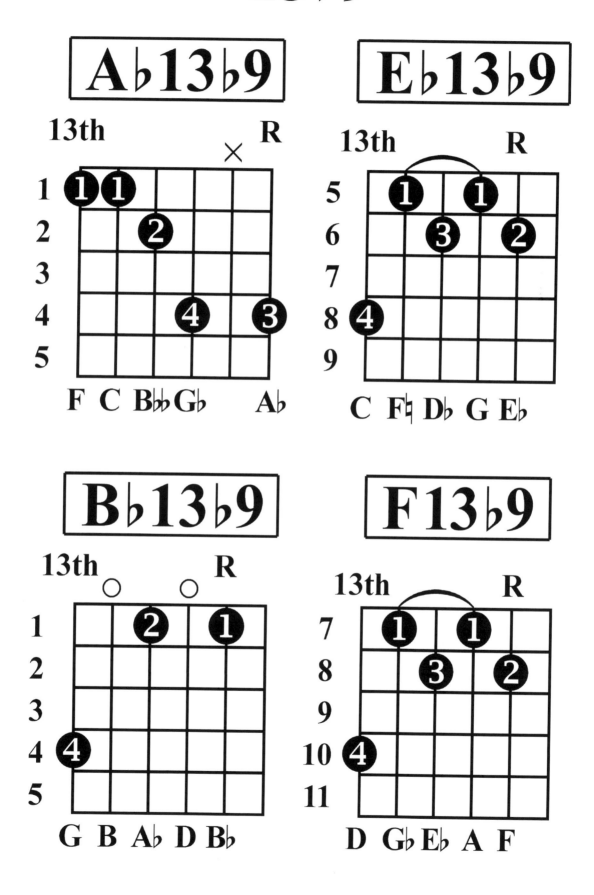

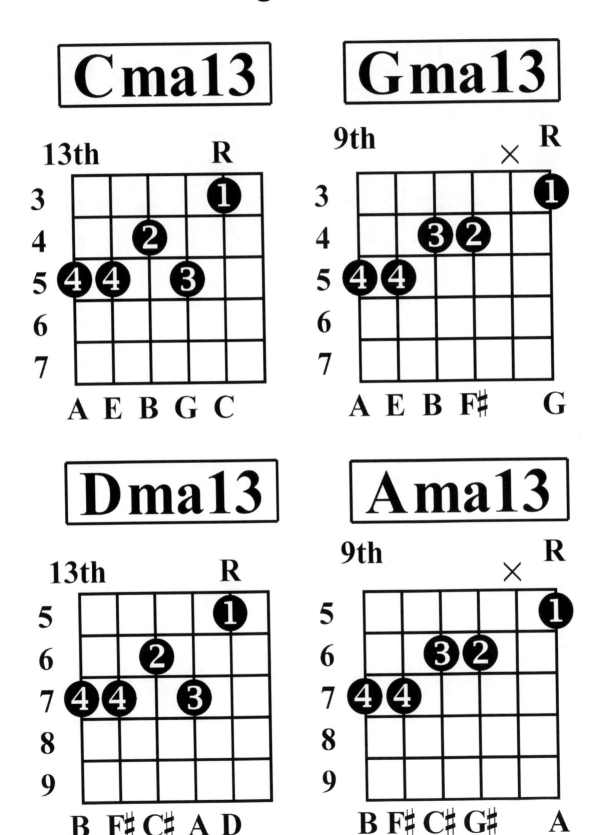

Major 13

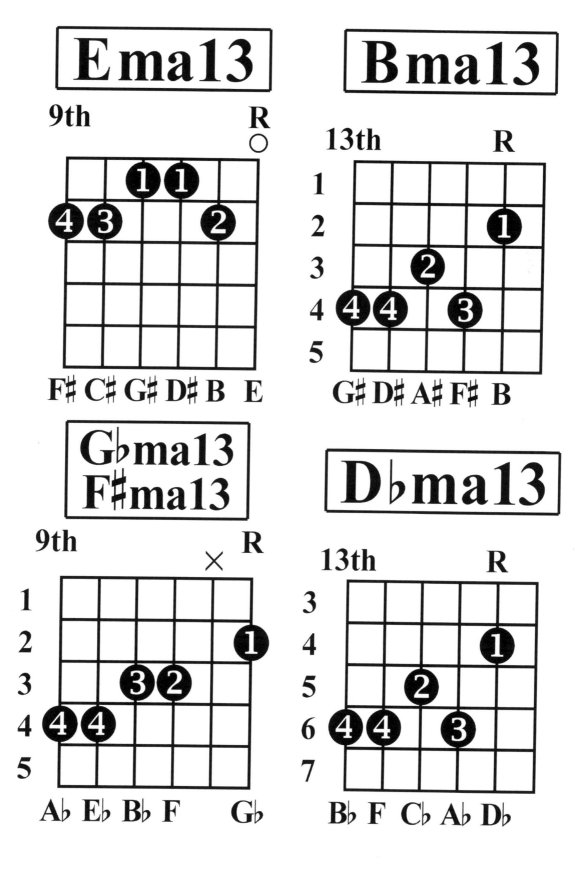

Major 13

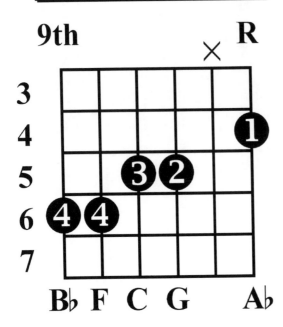

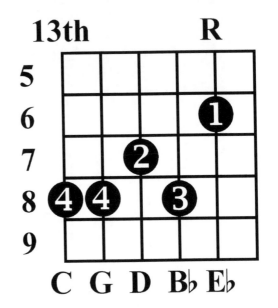

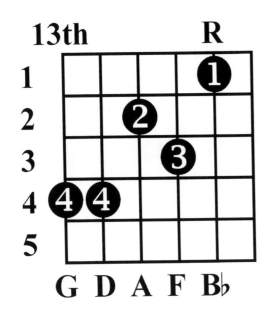

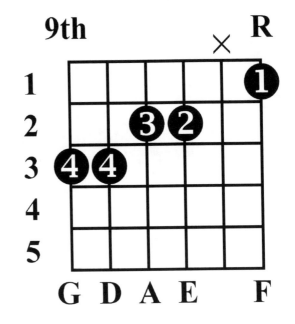

Printed in Great Britain
by Amazon.co.uk, Ltd.,
Marston Gate.